Victor, mon père

Du même auteur

Les Amis de Louis, L'Astre Bleu, 2019.

Richard Lanoux

Victor, mon père

PLON
www.plon.fr

92, avenue de France
75013 Paris
Tél. : 01 44 16 09 00
Fax : 01 44 16 09 01
www.plon.fr
www.lisez.com

Mise en pages : Facompo (Lisieux)
Dépôt légal : mars 2020
ISBN : 978-2-259-28064-8

Pour Bouly,
Cet incorrigible dragueur bas du front
mais tellement attendrissant
dans Un éléphant ça trompe énormément
et Nous irons tous au paradis.

« … tu es dessus pose ton pied après l'autre
Et c'est ta vie, la tienne et ma continuité,
et ta continuité, et ainsi de suite
Le nez au vent et les fleurs à portée de main
Ouvre les yeux et tu verras au bout
de l'océan la plage

Je t'embrasse comme je t'aime
Ton père… »

Il y a bien longtemps,
dans des circonstances particulières,
Victor m'a écrit une très jolie lettre.
Ses dernières lignes résonnent encore.
Écho universel, intemporel.

1

Avec son mètre quatre-vingt-trois sous la toise et sa carrure de troisième ligne de rugby, Victor était un père à l'autorité naturelle, pas d'énervement, jamais de haussement de ton à mon égard. Comme dans ses films, plus tard, il m'a toujours inspiré le respect et bien peu de velléités à le contredire, même si, parfois, sa mauvaise foi apparaissait comme le nez au milieu du visage.

Un papa pas toujours facile, mais un papa qui aimait jouer au copain en organisant des parties de cache-cache avec combat au fusil à flèche à bout en caoutchouc. Dissimulé en haut d'une armoire, il m'avait habilement surpris pour me tirer comme un lapin, sauf qu'en un réflexe j'étais parvenu à lui loger mon projectile entre les deux yeux, un tir qui lui laissa une belle marque toute rouge que seule une bonne couche de fond de teint avait pu dissimuler pour sa représentation du soir. Mais, un jour, mystère, un de ces deux petits fusils disparut de la maison, impossible de le retrouver, et personne pour me donner raison. Quelque temps plus tard, alors que nous étions venus le voir jouer au cabaret et que je ne pensais plus à cette disparition, quelle ne fut pas ma surprise quand je le vis entrer en scène avec mon fusil à la main. Mon jouet s'était transformé en accessoire et je me mis à crier : « Mon fusil, c'est mon fusil ! » Le public, assis à côté, avait bien rigolé, et, après le spectacle, Victor s'était senti obligé de s'expliquer.

*

Aîné d'une fratrie de trois enfants, je suis né à Boulogne et j'y ai vécu jusqu'à l'âge de quatre ans. D'après la description faite par mes parents : un deux pièces en rez-de-chaussée, sombre et sans confort, une cuisine et une chambre avec une fenêtre sur rue qui me permettait néanmoins un poste d'observation.

Victor ne s'épanchait que rarement sur ces premières années où il considérait avoir plus subi que provoqué. Par contre, il évoquait facilement son manque de jugement et ses mauvaises fréquentations au café Chez Orlac avec la bande de Marcel Sembat, avant qu'il ne devienne papa. D'ailleurs, il ne s'est jamais caché d'avoir eu ses enfants par accident, ce qui personnellement ne m'a jamais perturbé, c'était monnaie courante, pas encore de pilule contraceptive, j'en ai donc profité pour pointer mon nez.

Mes parents s'étaient rencontrés à la salle des fêtes sans imaginer que j'allais rapidement venir modifier leurs plans. Quelques rares photographies en noir et blanc témoignent de cette période où Victor m'emmenait au Jardin d'Acclimatation – de toutes les attractions, la rivière enchantée était notre préférée. Du côté paternel comme du côté maternel, mes grands-parents vivaient également à Boulogne, rue Bartholdi et rue Édouard-Detaille. Ils y avaient connu la guerre et l'Occupation ; d'autres adresses du passé étaient parfois citées pour décrire ces temps de privations : rue Georges-Sorel et rue de Billancourt.

*

Élue adjointe socialiste à Boulogne, ma grand-mère paternelle parvint à trouver un autre deux pièces plus confortable, et à moindre coût, à mes jeunes parents sans le sou. Un appartement dans un immeuble incroyable érigé au début des années soixante pour accueillir, en principe, les rapatriés d'Algérie. Comme beaucoup de vestiges périurbains de cette époque, cette barre HLM a récemment été détruite, elle était située à Nanterre et était inspirée de la Cité radieuse de Le Corbusier à Marseille. Elle était surnommée « Le Bateau ». Neuf étages avec balcons posés sur d'énormes pilotis en béton, desservis par trois immenses coursives qui donnaient l'impression d'avoir embarqué sur un navire de trois cents mètres de long, avec toutes ses portes d'appartements telles des portes de cabines numérotées par l'amirauté des logements sociaux.

Au Bateau, Victor avait fait la connaissance d'un voisin, le fils de Waldeck Rochet, ensemble, le dimanche matin, ils vendaient *L'Humanité* sur le marché de Nanterre. Le vieux Waldeck avait été une figure historique du Parti communiste français, mais il était gravement malade, une maladie neurovégétative qu'il avait déclarée après un voyage à Moscou. Je me souviens de visites très feutrées chez l'apparatchik quelque peu diminué qui, en son temps, avait su enflammer la tribune avec son accent rocailleux, et je me souviens aussi que Victor le regardait avec des yeux infiniment respectueux.

*

À leurs débuts, Pierre Richard et Victor formaient un duo comique appelé Richard & Lanoux comme il y avait déjà Darras & Noiret, Poiret & Serrault ou Roger Pierre & Jean-Marc Thibault. Ils écrivaient ensemble leurs propres numéros. Des sketches très visuels aux titres évocateurs : *Les Briques*, *Les Gifles* ou encore *La Chaîne*, jouant souvent sur l'absurde d'un mot, d'une expression ou d'une situation. Pierre m'a récemment décrit leur fragile ascension qui les forçait à alimenter leur répertoire. En point de mire : l'« américaine » de Georges Brassens, à Bobino. Juste après l'anglaise, l'américaine consistait à conclure la première partie du spectacle par une présence en scène remarquée et plus conséquente, alors que les numéros précédents ne restaient parfois que quelques minutes.

Quand vint enfin la bonne nouvelle, l'obtention de l'américaine de Jojo (comme disait Victor), mon père appela son partenaire, mais le matin même Pierre venait d'être reçu comme danseur dans la prestigieuse troupe de Maurice Béjart. Comme toujours, pas de boulot pendant des mois et tout à coup un choix cornélien pour Pierre qui se félicite aujourd'hui d'avoir choisi de continuer à être comédien. À quatre-vingt-cinq ans, il dit qu'il n'aurait certainement pas pu profiter d'une telle longévité en tant que danseur, même avec son coach sportif à ses côtés.

Brassens a beaucoup compté pour Victor. Bien entendu, il appréciait l'artiste, le poète, mais il aimait aussi beaucoup l'homme qu'il côtoyait régulièrement dans les loges, et il me raconta qu'un jour il avait été fier de prêter sa chemise à Jojo. Au moment d'entrer en scène, l'habilleuse avait eu un gros souci de repassage et Brassens n'avait plus de chemise blanche à porter, alors Victor retira la sienne et la lui prêta pour parer au plus pressé.

Après plusieurs années de duo avec Pierre, Victor décrocha un premier rôle en 1966 dans *Le Cheval évanoui*, une pièce de Françoise Sagan qui sonna le glas de la tournée des cabarets et des premières parties. Les deux partenaires restèrent amis. À la fin de sa vie, mon père comparait même cette amitié à celle d'un vieux couple. Et quand Pierre Richard acheta son moulin à Droue-sur-Drouette, près de Rambouillet, grâce à ses premiers succès au cinéma, Victor acheta la petite maison voisine, juste à côté, et les deux familles continuèrent à se fréquenter. Féru de jazz, le week-end Pierre organisait des sessions avec son ami François de Roubaix, célèbre compositeur de musiques de film, des soirées de rêve où les adultes semblaient très heureux, tandis que les plus petits se réfugiaient dans les combles du moulin pour des pyjama-parties.

*

Victor fut absent de longs mois pour participer au tournage du feuilleton *Les Chevaliers du ciel* qui reprenait les aventures de Tanguy et Laverdure. Un tournage en conditions réelles sur une base militaire de l'aviation, en Polynésie française. Je crois que c'est la première fois que je voyais mon père à la télévision, et, manque de chance, son personnage finissait par mourir, abattu d'une balle de revolver. Depuis notre arrivée à Nanterre, la famille s'était agrandie, et ma jeune sœur Emmanuelle et moi pleurions devant la télé et pensions que nous n'allions plus jamais revoir notre papa.

Lors de ce tournage dont Victor se souviendra longtemps, un des vrais officiers avait perdu la vie sous ses yeux, en se faisant arracher une jambe par un requin en pleine partie de chasse sous-marine.

À Tahiti, Victor se lia d'amitié avec un autre comédien. Acteur à la prestance et au charme indéniable, Jacques Richard a trop souvent été relayé aux rôles de seconds couteaux. Par la suite, le grand copain de mon père a rapidement intégré la famille en nous rendant régulièrement visite au Bateau.

Quand Victor décrochait un rôle important dans un film, j'entends encore Jacquot qui disait : « Tu vois la 2 CV de ton papa, garée sur le parking ? Eh bien, elle va vite être remplacée par une Ford Mustang ! » Je prenais ces propos très au sérieux, j'avais conscience que mon père avait du mal à percer dans son métier, et d'ailleurs la 2 CV est restée longtemps garée au même endroit mais jamais personne ne s'en est plaint, la Mustang n'était pas une priorité.

De son côté, Jacques Richard se fit remarquer dans une publicité pour les radiateurs avec son célèbre slogan : « C'est de la FONTE ! » Mais il ne fallait pas en parler, la carrière de Jacquot en a sans doute souffert, il était catalogué acteur de pub. Ce qui ne l'empêcha pas de gagner sa vie grâce à la synchronisation des films étrangers. Il fut notamment la voix française de Gene Hackman, le commissaire Popeye du film américain *French Connection*.

*

Comme beaucoup de familles françaises qui cherchaient des vacances d'été bon marché en Espagne, mes parents avaient déniché une annonce dans *Le Figaro*, une location chez l'habitant. Seul problème : les chambres de l'appartement donnaient sur une cour intérieure partagée avec l'arrière-boutique du boucher du village, et tous les matins, nous étions réveillés à l'aube par les bêlements épouvantés des pauvres moutons qui se faisaient égorger les uns après les autres.

Une ambiance sonore déconseillée aux enfants et aux âmes sensibles, Victor était fou furieux. Après une enquête locale, il parvint à retrouver le propriétaire qui l'avait abusé et, heureusement, nous pûmes déménager pour une location plus adaptée.

À cette époque, Franco régnait encore en maître et je revois l'ombre sinistre du garde civil avec son képi menaçant, planté au milieu du carrefour. Distrait par une conversation qui s'emballait dans l'habitacle, Victor ne parvint pas à stopper la 2 CV à temps et heurta très légèrement la jambe du matador à moustache.

Nous savions, nous étions tous conditionnés par ce danger qui planait sur la famille, surtout pas d'histoire avec la Guardia Civil, et quand le matador s'avança, l'air menaçant, Victor ouvrit timidement sa fenêtre à double battant. Nous étions certains qu'il était bon pour la torture car il dut sortir de la voiture pour s'expliquer – nous étions terrifiés. Mais l'affaire se régla sans dommage après une bonne demi-heure de palabres où mon père mit un point d'honneur à s'exprimer sans l'aide de sa méthode Assimil.

*

Pendant l'année scolaire, à la Toussaint ou à Pâques, mon père m'emmenait parfois avec lui en province. Si j'en crois une vieille photo prise sur le tournage du *Chevalier Bayard*, en 1964, dans l'Aveyron, un feuilleton dans lequel Victor jouait le rôle de Bellabre, fidèle écuyer, j'avais eu le droit d'enfiler un plastron et un heaume, et de tenir une épée de chevalier.

Mes souvenirs les plus marquants de ces escapades en dehors de la maison furent mes séjours à Villeurbanne, où Victor répétait une pièce avec le TNP de Roger Planchon. Je l'avais vu jouer à Paris dans d'autres grandes mises en scène : celle de *La Folle de Chaillot* de Jean Giraudoux, de *L'Illusion comique* de Corneille, d'*Hamlet* de Shakespeare ou encore celle de *La Résistible Ascension d'Arturo Ui* de Brecht qui me laissèrent toutes des souvenirs impérissables d'enfant ébloui par le faste des décors et des costumes.

Un jour, mon père me présenta fièrement à Brigitte Fossey. Je portais une casquette large à la Gavroche et, en me voyant assis tout seul dans la salle du théâtre qui servait aux répétitions, la très jolie jeune femme qui avait bien grandi depuis *Jeux interdits* s'était exclamée : « Oh, mais à qui il est ce beau petit garçon ! ? » et j'avais eu droit à mon baiser dont je restai tout estourbi.

Je me souviens aussi de l'esprit de troupe qui régnait parmi tous ces acteurs, certains parisiens d'autres lyonnais, comme Jean Bouise et son épouse, Isabelle Sadoyan, qui vivaient dans le même HLM que Roger Planchon et sa femme, Colette Dompietrini. Quant à lui, Victor avait pris ses quartiers dans une superbe demeure ancienne avec vue panoramique sur la ville et la campagne, située à Saint-Cyr-au-Mont-d'Or. Un endroit au charme fou quoique un peu délabré, habité par des esprits éclairés, chaleureux et hospitaliers. Claude Lochy, acteur et musicien, fidèle de Planchon, vivait à l'étage, tandis que, au rez-de-chaussée, la demeure était occupée par un couple de femmes, propriétaires également d'une crêperie très cotée dans le quartier Saint-Jean. Dans un appartement voisin mis à sa disposition, Victor profitait d'un cadre exceptionnel, presque la vie de château loin de Nanterre et du Bateau, et quand j'avais la chance d'y séjourner aussi, j'étais très chouchouté par les deux voisines qui se réjouissaient de la présence d'un enfant sage parmi leur aréopage de jeunes comédiens.

*

Lors d'un passage à Paris, Walter Brown, acteur néo-zélandais mais vivant et travaillant en Angleterre, vint assister à une représentation de *Hamlet* au TNP du palais de Chaillot. Après le spectacle, il se présenta dans la loge de Victor pour lui raconter, dans un français très approximatif, qu'il avait joué le même personnage que lui pour la Royale Shakespeare Company. De cette jolie démarche naquit une longue amitié, et quand Walter venait à Paris, Victor se proposait toujours de l'héberger.

De ses voyages à travers le monde, le nouvel ami de mon père m'avait rapporté un superbe boomerang australien, une véritable arme de chasse pour les tribus aborigènes. Alors que Walter tentait de m'expliquer comment m'en servir, Victor décida de partir pour l'essayer dans un endroit sans danger pour le voisinage. Nous nous retrouvâmes donc dans un pré, à l'écart d'un troupeau de vaches ; nous avions roulé une bonne heure pour rejoindre la campagne. Walter maniait l'engin avec dextérité : après avoir pris son envol et décrit un cercle parfait, le boomerang lui revenait tout naturellement dans la main, j'étais très admiratif. Lors de cette escapade, nous apprîmes aussi que, en plus d'être un acteur shakespearien, Walter était également garde-chasse en Angleterre, comme il l'avait été autrefois en Australie. Ce qui lui permettait de profiter à l'année d'un logement de fonction, une très ancienne maison isolée en pleine forêt que j'imaginais déjà comme la planque de Robin des Bois en personne, dans la forêt de Sherwood.

Une autre fois, Walter avait décroché quelques jours de tournage en Espagne, dans un western avec Brigitte Bardot en vedette, et, sur le chemin de retour, il s'était arrêté pour passer quelques jours avec nous. De sa petite valise, il avait sorti pour les montrer à mon père une série de rouleaux de papier hygiénique dont BB s'était servie pour lui écrire et lui envoyer, d'une fenêtre à l'autre, un long message : une invitation, presque une convocation, à la rejoindre dans sa chambre. Walter Brown était un très bel homme mais il était marié et père de deux jeunes filles ; il avait aussi sa fierté... Il n'a pas cru bon de répondre favorablement aux avances de la star. Mais il avait gardé les précieux rouleaux en souvenir et, avec Victor, ils ont passé une bonne partie de la soirée à déchiffrer cette sorte de long papyrus écrit au rouge à lèvres et au crayon à maquillage. Dès mon plus jeune âge et avec une belle dose d'humour, je fus ainsi initié aux choses de l'amour coquin.

2

Lors des événements de Mai 68, Victor était en tournage dans le Vaucluse, à L'Isle-sur-la-Sorgue. Comme toute l'équipe, il se retrouva coincé sans possibilité de remonter à Paris. *Le Soleil des eaux* était un téléfilm tiré de l'œuvre de René Char et mon père profita de son séjour prolongé pour lier une belle amitié avec le grand poète.

Au travers de son travail unique à la résonance éternelle, Char a magnifié La Sorgue et le mystère de sa source comme personne. Envoûté à son tour, Victor vénéra tout de suite cette superbe rivière. Par la suite, L'Isle-sur-la-Sorgue devint une destination privilégiée et il s'empressa de m'entraîner dans l'apprentissage de la pêche à la truite sauvage.

De mon point de vue d'enfant, René Char était de taille gigantesque et son phrasé si particulier, teinté d'un accent du Midi et d'une voix grave, le rendait très impressionnant. Les années qui suivirent, il nous recevait parfois en famille aux Busclats, sa jolie maison située sur les hauteurs de L'Isle-sur-la-Sorgue, et il nous accompagnait jusqu'à son verger pour nous permettre de déguster les dernières cerises, les pêches ou les abricots. Sur la route des vacances en Espagne, le reste de la famille, qui s'était encore agrandie avec l'arrivée d'une sœur de plus, les filles prenaient le train, tandis qu'avec mon père nous faisions une halte à L'Isle, entre hommes et toujours en 2 CV.

Au retour d'Espagne, j'avais dû laisser ma place à une de mes sœurs. Lors d'une virée dans un centre équestre, mon père nous avait installés à l'arrière d'un chariot attelé à un poney. Entouré par d'autres attelages, tous drivés par des enfants et lancés sur une piste qui ressemblait à un champ de courses, je m'étais pris pour Ben-Hur en poussant le poney dans un galop effréné, mais après avoir pris de plus en plus de vitesse, je ne parvenais plus à contrôler quoi que ce soit. Dans un virage, le chariot bascula avec ma pauvre sœur coincée en dessous, le drame, et pour elle, une mauvaise blessure à la jambe qui l'empêcha de marcher pendant trois semaines.

Bien plus tard, Victor me raconta que lors de ce retour avec Emmanuelle, en s'arrêtant aux Busclats, il avait dû chercher René qui était parti se promener avec un ami, le long du canal qui coulait juste au-dessus de chez lui. En voyant arriver mon père avec sa fille handicapée grimpée sur ses épaules, René et son ami, qui était tout petit, s'étaient enthousiasmés de cette magnifique apparition : le témoignage émouvant de l'amour d'un père pour sa progéniture. René fit les présentations auprès de ce petit homme qui l'accompagnait, Victor ne l'avait pas reconnu, il s'agissait de Martin Heidegger.

*

Puis, vint l'été de mes onze ans et deux mois entiers passés aux « Rossignols », une bâtisse provençale au milieu des champs et des arbres fruitiers que Victor avait louée pour un loyer modeste grâce à ses amis L'Islois. Nous avions repéré un joli chien qui rôdait autour de la maison dans l'espoir de trouver à manger. Impossible de l'approcher, c'était une chienne de la race des griffons Korthals, une bonne tête ébouriffée, des oreilles pendantes, le poil plutôt court, un chien de chasse à la très bonne réputation. Mais cette chienne était sauvage, Victor m'expliqua qu'elle avait dû être maltraitée par ses maîtres et qu'elle s'était sans doute échappée du refuge de la SPA. Tous les jours et à distance, je lui laissais une gamelle qui contenait les reliefs de nos repas, avec os de côtelettes en priorité. Et très rapidement la distance diminua. Au bout de quelques jours, la chienne mangeait à mes côtés et se laissait caresser. Elle fut donc provisoirement adoptée et, sans grande originalité, baptisée Belle, comme la chienne du feuilleton *Belle et Sébastien*.

Pour moi, petit citadin, les jours passaient à la vitesse de toutes les découvertes, j'étais sans cesse occupé, surtout avec la pêche. Victor était enfin parvenu à prendre sa première truite, et quelque temps plus tard je l'avais imité. En voyant mon précieux poisson qui manquait de se décrocher, je n'avais pas hésité à plonger les deux bras en avant pour le saisir à la main, et mon père avait dû me rattraper *in extremis* par les pieds – l'endroit était profond, le courant abondant et dangereux.

Avec Jeannot la Fouine, braconnier au regard vif et malicieux, qui s'était improvisé professeur de pêche au lancer, nous avions régulièrement rendez-vous, de bon matin au Cristal Bar, un bouge enfumé où il tenait ses quartiers et ses copines. La Fouine connaissait les coins poisseux mieux que quiconque. Et quand nous devions nous séparer pour mieux pêcher, mon père partait seul de son côté tandis que Jeannot m'emmenait avec lui. J'étais impressionné par son habilité, il lançait son leurre à l'autre bout de la rivière, sous un arbre, derrière un dévers inaccessible. Et quand il sentait le temps propice, sans mistral, lourd et orageux, il me demandait de rester à l'écart sans faire de bruit et je savais qu'immanquablement j'allais le voir revenir avec une musette bien remplie.

*

De retour à Paris, Victor participa à la création d'une équipe de rugby. Entraînements réguliers sur les pelouses de Bagatelle, et j'avais parfois le droit de l'accompagner pour assister à un match. J'avais toujours peur que la partie se termine en bagarre rangée car, souvent, les artistes n'étaient pas pris au sérieux. Malgré quelques beaux représentants de la gent masculine, dans la mêlée, ils étaient moqués, leurs adversaires les provoquaient. Toutefois, il leur arrivait de surprendre et même de gagner, surtout quand ils recrutèrent dans leurs rangs un ailier que personne ne pouvait rattraper : le sprinteur Roger Bambuck s'était retiré des stades mais il aimait bien venir jouer au rugby avec ses potes de l'Amicale des Artistes.

*

Plus jeune, Victor avait surtout joué au handball dans une version bien différente de celle que nous connaissons aujourd'hui, en extérieur sur herbe et sur un demi-terrain de foot. J'ai vu une photo de son équipe de l'ACBB (Athlétique Club de Boulogne-Billancourt) ; son grand gabarit faisait de lui un joueur de haut niveau.

Mon père m'a toujours encouragé dans la pratique du sport et, à Nanterre, j'avais choisi un des plus difficiles : la natation en compétition. De son côté, ma mère avait avancé l'idée de ma possible communion, mais Victor ne partageait pas le même enthousiasme pour la religion et était tout de suite intervenu, il m'avait dit habilement : « Ce sera le catéchisme ou la natation, il faut choisir ! », et je m'étais décidé sans hésitation. Mais les entraînements à la piscine, trois soirs par semaine, étaient exténuants, ils coïncidaient aussi avec mon entrée en sixième, je m'endormais en classe, alors, à la fin de la saison, Victor me proposa de choisir plutôt le handball, un sport plus compatible avec le programme du collège.

Mon père suivait nos matchs et s'enthousiasmait pour les résultats de l'équipe, il prit aussi la responsabilité de nous entraîner – le club de Nanterre rencontrait des difficultés pour nous trouver un nouveau coach. Belle idée de la transmission déjà, et quand mon fils aîné fut en âge de commencer à son tour, je l'encourageai à s'inscrire au « hand ». Quelques années plus tard, joli clin d'œil à Victor qui était fier comme un pape, mon Abel quitta le Stade Français pour intégrer l'ACBB, l'ancien club de son grand-père.

Il y joue encore très sérieusement et est promis à un bel avenir, du haut de ses dix-sept ans et de son mètre quatre-vingt-dix. Chaque week-end, à mon tour, j'accompagne les joueurs, et quand Victor est parti subitement, je me suis senti orphelin de ne plus pouvoir l'appeler pour lui communiquer les résultats sportifs de ses deux petits-fils, le plus jeune, Yann, ayant choisi l'escrime.

3

Au Bateau, à Nanterre, la famille s'était donc agrandie, mes parents bénéficiaient de la carte SNCF famille nombreuse, avec trois enfants à charge. Nous avions déménagé, dans le même immeuble, à plusieurs reprises, pour finir dans un duplex. Victor avait transformé une chambre en bureau où il s'enfermait pour écrire sur sa petite machine. Cette démarche semblait plutôt abstraite et je ne me souviens pas qu'il ait pris la peine, à ce moment-là, de me mettre dans la confidence de ses écrits. Si Victor avait quitté l'école prématurément, en bon autodidacte, il se rattrapa plus tard en lisant tout ce qui devait être lu : littérature, poésie, philosophie et, bien entendu, théâtre.

Quand j'atteins l'âge de comprendre, il m'expliqua qu'à trente ans il s'était retrouvé à côtoyer de nombreux esprits cultivés et brillants, au TNP, notamment. En secret, il avait ressenti un terrible complexe, il n'osait pas s'exprimer au sein de la troupe et, parallèlement, il avait développé un regard acerbe sur les intellectuels prétentieux. Ce fut donc le sujet de sa première pièce de théâtre intitulée *Le Tourniquet* – qui aurait pu aussi s'appeler « L'ouvre-boîte ». Celui-ci avait été malencontreusement oublié par un des deux protagonistes enfermés dans une station de métro après une catastrophe nucléaire, or ils n'avaient emporté, pour survivre, que des boîtes de petits pois Saupiquet. La pièce fut encensée et comparée à *En attendant Godot* de Samuel Beckett.

*

Je n'avais que quatorze ans et pour moi, ce fut un véritable choc, une révélation, comme j'allais en connaître plus tard en découvrant les poèmes de René Char, ou *Providence*, le film d'Alain Resnais.

Tout à coup, je compris pourquoi mon père s'était longtemps enfermé pour écrire et je découvris la palette de ses possibilités artistiques. En tant qu'acteur, j'avais l'impression de découvrir toute l'ampleur de son talent car son personnage n'était pas du tout sympathique, et ce terrible huis clos tragi-comique à deux personnages, où il interprétait le rôle de l'intellectuel prétentieux face au simple d'esprit, dans une ambiance de fin du monde, se révélait d'une justesse et d'une drôlerie incroyables.

À la création, en 1973, au théâtre Rive Gauche, le comédien Jacques Rosny joua le rôle du simple d'esprit. Ensuite, une première tournée fut organisée et Patrick Préjean prit la place de Jacques Rosny. Patrick était un ami, fils d'Albert Préjean, grande vedette d'avant-guerre. Dès le début, il avait encouragé Victor à monter sa pièce alors que mon père se montrait plutôt hésitant. Puis, pour une seconde tournée, ce fut au tour de Jacques Balutin avec qui il devint également très copain.

Face à un tel succès, je hissai mon père sur un piédestal inaccessible. Mais ce nouveau regard que je portais sur lui fut compliqué à appréhender, en pleine adolescence et post-adolescence, et même à l'âge où j'aurais dû m'affirmer en tant que jeune adulte. Victor m'impressionnait beaucoup trop pour que je parvienne à m'exprimer en toute liberté.

*

Pour tout dire, j'avais grandi un peu de travers et contre lui, poussé par le vent violent de la rancune que m'avaient inspirée les déboires sentimentaux de Nicole, ma mère. Depuis tout petit, j'avais été le témoin mal placé des infidélités paternelles, et je lui en ai très longtemps voulu jusqu'à le détester. Cette image de séducteur me fit me rebeller en cherchant à le provoquer sur un terrain miné, celui des paradis artificiels et des addictions, qui le rendaient fou d'inquiétude pour moi, je l'ai compris bien après – je me droguais sans doute pour le punir. J'avais appris qu'il se tapait la tête contre les murs, mais, avec le recul, je dois admettre qu'il ne fit pas tout pour m'aider à m'en sortir et que ma mère se montra beaucoup plus aimante et compréhensive.

Grâce à ses relations et à celles de Marie-José Nat, avec qui il a longtemps vécu, Victor m'envoya voir le Dr Claude Olievenstein, le gourou des drogues dures, un rendez-vous onéreux et inutile. Le gourou me promit à un avenir sans avenir et me condamna à une mort certaine... Très antipathique, le bonhomme, de mauvais augure. Dans la foulée, Victor paya aussi deux séjours de désintoxication dans une clinique chic, où Johnny lui-même était venu pour se soigner. Mais chaque fois je rechutais, jusqu'au jour où je parvins à lasser tout le monde dans mon entourage. Poussé par la nécessité de décrocher pour pouvoir continuer à travailler, je me fis interner dans un hôpital psychiatrique financé par la Sécu. Un enfer où certains patients arrivaient menottés entre deux gendarmes. Informé de ce qu'il percevait comme une déchéance irrévocable, jamais Victor ne voulut m'appeler pour me soutenir, et encore moins venir me rendre visite et se montrer lui-même dans ce lieu d'infamie et d'incarcération. Si, de nouveau, je lui en ai voulu, j'ai rapidement compris aussi que cet enfer, loin de mon père et chez les plus démunis, était un enfer nécessaire pour que je puisse revenir à la vie.

4

L'affaire Dominici fut un terrible fait divers survenu en 1952 : le triple assassinat d'un touriste anglais, de son épouse et de leur fille de dix ans. Vingt ans après, le film tiré de cette histoire, réalisé par Claude Bernard-Aubert, relança la polémique sur la réelle culpabilité du père Dominici. Jean Gabin avait suivi ce drame en direct, dans les journaux de l'époque : l'enquête, le procès, la condamnation à perpétuité. Mais c'est en lisant un livre consacré à l'affaire, un récit très précis, très détaillé sur la personnalité des différents protagonistes écrit par Jean Giono que Gabin a accepté le rôle du père et celui d'un de ses fils fut une étape décisive pour Victor, à presque quarante ans, il voyait enfin sa carrière au cinéma prendre la tournure espérée.

Curieusement, il ne s'était rien passé de vraiment positif pour lui, huit ans auparavant, avec son rôle important auprès de l'actrice Sylvie dans *La Vieille Dame indigne*, un film en noir et blanc tourné à Marseille par René Allio, avec au générique la magnifique chanson de Jean Ferrat « On ne voit pas le temps passer ».

Alors que toute l'équipe de *L'Affaire Dominici* avait commencé le tournage depuis plusieurs jours, là-bas à Sisteron dans les Alpes de Haute-Provence, Victor me raconta l'appréhension qu'il avait éprouvée pour son premier jour de tournage. Il ruminait seul, devant le décor, assis au bord d'une route de campagne, pendant que les techniciens peaufinaient leurs derniers réglages. Ce jour-là, Gabin ne tournait pas, mais Victor savait qu'il avait pour habitude de passer sur le plateau, histoire de prendre la température. Et mon père vit sa voiture, conduite par son chauffeur, approcher et passer devant lui, puis faire demi-tour pour revenir et s'arrêter à sa hauteur. La vitre arrière se baissa et la tronche de Gabin apparut pour lui dire : « T'inquiète gamin, ça va bien se passer ! », puis la voiture repartit comme elle était arrivée. Victor ne put s'empêcher de penser que le « Vieux » était juste venu pour l'encourager et il reprit confiance pour interpréter Gustave Dominici.

Pour ses débuts, Gérard Depardieu interprétait un garçon de ferme un peu benêt, le neveu de Gustave. Avec Victor et Jacquot Richard, qui endossait le rôle de l'adjoint du commissaire, ils formaient un trio de choc et se permettaient des virées bruyantes et arrosées parfois jusqu'à Toulon. D'après Victor, à cette époque déjà, Gérard pouvait se montrer incontrôlable après quelques verres de trop, une force phénoménale, et les trois copains furent rapidement exclus de l'hôtel où séjournait le reste de l'équipe, puis relogés dans une dépendance plus tranquille au Moulin du Jabron, un autre établissement situé au bord d'une jolie rivière, en dehors de Sisteron. En cas de java un peu trop tardive, les trois potes ne dérangeaient que les poissons.

Je me souviens être venu au Moulin pour quelques jours de vacances ou un week-end prolongé, et lors d'une partie de rugby improvisée, j'avais malencontreusement envoyé un coup de pied, le bout de ma botte en caoutchouc, dans le visage de Jacquot. Le pauvre se retrouva avec une lèvre supérieure gonflée comme une chambre à air. Pour le tournage, ce fut problématique, j'étais très ennuyé et, même si personne ne crut bon d'en rajouter, je me fis tout petit jusqu'à la fin de mon séjour.

*

Après L'affaire Dominici, par l'entremise de Jacquot, Victor a intégré la bande de Pascal Jardin, grand scénariste cruellement emporté par un cancer à l'âge de quarante-six ans seulement. Lors du tournage des *Chevaliers du ciel*, mon père avait aussi rencontré Jacques Santi (l'interprète de Tanguy) et également Nicolas Vogel et Roger Pigaut, deux autres acteurs joueurs de poker, des aînés à la belle allure. Victor les appelait respectueusement « les épées ». Entre eux, ils surnommaient Roger : « Lester

Piggott », du nom d'un jockey britannique, moult fois récompensé partout en Europe.

Jacquot m'avait expliqué que leur pote Jacques Santi n'était pas le dernier à miser gros et que, à certaines tables, il lui arrivait parfois d'y laisser sa Porsche qu'il parvenait toujours à récupérer à la partie suivante. Cette joyeuse bande se réunissait à la campagne, on y jouait beaucoup au poker, et, d'après ce que j'ai pu comprendre, à l'époque, à Verdelot, on picolait et on rigolait entre mecs bien que les lieux aient été sous l'influence d'une très belle femme, Fanon, l'épouse de Pascal Jardin.

Bien des années plus tard, alors que j'officiais comme régisseur sur son troisième long-métrage, je fis la connaissance de leur fils Alexandre et il me parla de ses souvenirs avec Victor, alors qu'il n'était encore qu'un enfant quand il le voyait arriver dans cette maison familiale.

Puis, le hasard des contrats me fit également travailler avec son frère, Frédéric Jardin, jeune réalisateur de talent qui avait aussi connu la vie dissolue de Verdelot qu'Alexandre a si bien décrite dans certains de ses romans.

*

J'eus la chance de mieux connaître Gérard Depardieu sur le tournage des *Anges gardiens*, un film de Jean-Marie Poiré sorti en 1995, mais je me souviens d'une première rencontre à la cantine des studios de Boulogne. J'étais venu déjeuner avec mon père et il passa près de notre table. Victor se leva, il venait de voir *Cyrano de Bergerac*, le chef-d'œuvre de Jean-Paul Rappeneau, et il tenait à féliciter Gérard pour son incroyable interprétation. Depardieu était très touché, un compliment venant de son Totor lui faisait visiblement plaisir. Totor, un surnom que j'avais souvent entendu dans la bouche de Nicolas des deux Jacquot, Richard et Santi, et de Lester Piggott.

Pendant la préparation des *Anges gardiens*, Gérard débarquait parfois dans les bureaux, sa fille Julie suivait un stage à la mise en scène. En père attentif, son casque de moto sur la tête pour rester incognito, il déboulait par surprise pour voir si tout se passait bien.

La jeune Julie était encore à la fac et elle me questionnait parfois sur mes expériences passées. Je lui avais expliqué que j'avais été rééduqué par le Pr Tomatis, cet ancien ORL dont la méthode basée sur la musicothérapie avait également beaucoup aidé Gérard dans la voie de l'écoute et surtout de la parole indispensable pour devenir comédien. Julie s'inquiétait énormément pour Guillaume, son frère aîné, régulièrement chahuté, lui aussi, par des démons intérieurs.

À cette époque, Julie Depardieu ne parlait pas encore de devenir actrice, ses études semblaient lui donner un autre but dans la vie que celui de suivre les traces paternelles, et pourtant, quel phénomène ! La jeune fille un peu timide que j'ai connue est devenue une sacrée comédienne.

5

Après plusieurs rôles dans des films comme *Trois milliards sans ascenseur* (1972), *Elle court, elle court la banlieue* (1973) ou *Deux hommes dans la ville* (1973), qui contribuèrent à le faire connaître des grands réalisateurs, Victor incarna un personnage terrible d'ancien d'Algérie dans *Dupont Lajoie* (1974), un facho en débardeur, coiffé d'une casquette de parachutiste. À la suite du tournage, mon père reçut un courrier abondant de sympathisants qui avaient pris le personnage au pied de la lettre et qui reconnurent en lui leur leader absolu. Mais aussi, il y eut cette inquiétude, le jour où, dans la rue, un vieil Arabe l'interpella. À sa plus grande surprise, le vieil homme vint lui serrer la main et le féliciter pour sa composition d'acteur qui dénonçait si bien le racisme et la violence.

Là aussi, Victor m'a raconté son premier plan. Le réalisateur Yves Boisset avait fait une mise en place avec de nombreux figurants. Il s'agissait de la première fois où mon père apparaissait dans le film en prenant à partie la foule des campeurs. Puis, on alla chercher Jean Carmet et quand le moteur fut lancé et que Victor fit sa démonstration de force, Carmet en resta soufflé, incapable d'envoyer sa réplique, et demandant : « Mais c'est qui, ce type !? » Sous-entendu, on dirait un vrai para ! Yves Boisset dut couper la prise. Jean et Victor ne se connaissaient pas encore, mais ils ne tardèrent pas à faire connaissance. Ils se retrouvèrent même assez rapidement sur deux autres films : *Canicule* d'Yves Boisset également, et *Un si joli village,* dont ils partagèrent l'affiche avec succès, coproduit pour la première fois par Victor et réalisé par Étienne Perrier.

Dans le seul livre où Victor évoqua son métier, il fit une place d'honneur à celui qui devint son ami. Visiblement, la fréquentation de Jean Carmet était loin de le laisser indifférent, mon père a même écrit que s'il en avait eu le temps, il lui aurait consacré un livre en entier, tant il avait à en raconter. Chaque jour, la compagnie insolite de Jean était une nouvelle aventure riche en rencontres multiples, allant du charcutier du village où il tournait au chef de la gendarmerie, mais aussi d'amitié et d'affection bien arrosées.

*

Entre-temps, Victor tourna aussi avec Marie-José Nat, pour le très beau film : *Le Passé simple,* que mon père avait rebaptisé *Le futur compliqué*, réalisé par son époux, Michel Drach. D'après ce que j'ai compris, leur idylle est née lors d'un voyage à Bogota, en Colombie, où, par un heureux hasard, lors d'un festival de cinéma français, ils se seraient retrouvés tous les deux, seuls, en tête à tête.

Par la suite, si Marie-José s'est rapidement séparée de son mari, de son côté, Victor a dû officialiser une situation qui n'avait que trop duré. Après une croisière de plus de dix ans, nous débarquâmes donc du Bateau à Nanterre pour nous installer, sans notre père, à Garches, une banlieue cossue qui correspondait davantage à ses nouveaux revenus. Victor avait loué un appartement dans une petite résidence de bon standing pour nous loger, ma mère, mes deux sœurs et moi. De cette période, je retiens surtout le fait d'être soudain devenu le seul homme de la famille, un rôle que je n'avais en aucun cas sollicité. Je venais d'entrer de plain-pied dans l'adolescence et je me souviens encore avoir tout calculé pour m'isoler, me retrouver seul dans un monde imaginaire.

Aujourd'hui, quand je vois mes fils en permanence avec leur casque wifi, même si je suis agacé par ce manque de communication, je ne peux m'empêcher de penser à moi au même âge, avec un casque audio sur les oreilles.

Mon statut d'aîné et de seul garçon m'avait donné le droit à ma propre chambre et j'avais installé ma platine sur la table de nuit, à côté du lit, pour pouvoir écouter de la musique au casque jusque tard dans la nuit. C'était la grande époque de Led Zeppelin, Frank Zappa, les Who, etc.

À propos de goûts musicaux, Victor me raconta son tour dans les backstages d'un des premiers concerts de Bob Marley à Paris, un privilège ! Mon père n'était pas particulièrement branché pop ou rock, il préférait le jazz, mais il m'avait dit avoir été réellement impressionné par le dieu du reggae, à l'aura quasi mystique, entouré par sa troupe de choristes et de musiciens jamaïcains.

*

Quelques années plus tard, alors que je connaissais les affres de mon premier grand chagrin d'amour, au point de ne plus pouvoir marcher, tétanisé par l'angoisse, c'est aussi à Garches, dans la maison de Marie-José, qu'ils m'accueillirent chaleureusement. À l'occasion de ce petit séjour, je parvins à mieux connaître celle qui partageait sa vie avec mon père. Une femme de tête qui s'était construite toute seule ; elle m'intriguait et m'impressionnait également beaucoup. Dans cette somptueuse demeure, Victor semblait avoir pris ses marques et n'avoir aucun souci apparent avec les deux jeunes garçons de la maison, le tableau parfait du bonheur qui conduisit Marie-José et Victor à retravailler ensemble au théâtre, dans une pièce américaine, *Voisin, voisine*, que Marie-José avait fait lire à Victor et que Victor avait adaptée.

À Garches, je me souviens d'une soirée avec beaucoup d'invités, dont François Chalais, célèbre critique de théâtre et de cinéma, et Guy Bedos. L'acteur avait beaucoup bu, il affichait une gaieté fatiguée mais totalement hilare, et il monopolisa mon attention dans le récit d'histoires absurdes doublées de mimiques bien de son cru, notamment en mimant un malvoyant à lunettes, sous une pluie battante, au volant de sa voiture.

Marie-José et Victor sont restés treize ans ensemble, un sacré bout de chemin. Et quand ils se séparèrent, mon père ne voulait rien montrer, mais je voyais bien qu'il n'allait pas bien.

C'est à cette époque qu'il alla s'isoler dans la Creuse, et, lors d'un passage à Paris, il m'invita à déjeuner à la brasserie du Fouquet's. Je remarquai toute de suite la présence imprévue de Marie-José, accompagnée d'une amie, à quelques tables de celle où le majordome nous avait placés. Pendant tout le repas, Victor fit comme si de rien n'était, et pourtant, il était extrêmement gêné. Arrivé au dessert, il me chuchota : « Je dois aller saluer Marie-José. » Et Victor se leva, s'approcha, et les deux anciens amants se tombèrent chaleureusement dans les bras l'un de l'autre. J'étais soulagé de les voir capables de mettre, chacun, leur orgueil de côté, car la douleur de cette séparation fut certainement réciproque et partagée par Marie-José.

Après avoir écrit ces quelques lignes à son sujet, c'est avec chagrin que j'apprends sa disparition soudaine. Je savais que Marie-José était malade, ma sœur Emmanuelle échangeait encore avec elle, et elle lui demandait parfois des nouvelles de Victor mais aussi de toute la famille. Je comptais profiter de la parution de ce livre pour reprendre contact à mon tour. J'aurais tant aimé lui présenter ma petite famille, d'autant que tous les étés nous séjournons régulièrement près de chez elle, en Corse. Marie-José aurait pu constater que je n'avais plus rien à voir avec le jeune homme désemparé face à la drogue qu'elle avait connu vingt ans auparavant. À cette époque compliquée, elle avait sans doute dû m'en vouloir de provoquer la rage de Victor.

Curieusement, avec mon père, quand tout fut enfin réglé, nous n'avons plus jamais évoqué ce mal épouvantable qui m'avait rongé. Si nous parlions du passé, nous évoquions surtout les meilleurs moments. Le pansement du temps se révéla réparateur, et le fardeau des comptes à régler s'était dégonflé comme une baudruche de bien mauvaise qualité.

6

À propos de Guy Bedos, Victor me raconta comment il avait essayé d'aider son ami, lors du tournage de la seule scène dramatique de *Nous irons tous au Paradis*, le film d'Yves Robert sorti en 1977. Bedos était stressé par cette scène où son personnage revient, en train, d'un week-end en amoureux, avec sa maîtresse cachée, et où ses trois potes l'attendent sur le quai de la gare pour lui annoncer une épouvantable nouvelle, la mort de Mouchy, sa mère ultrapossessive interprétée par Marthe Villalonga.

Au moment de tourner, en voyant l'inquiétude de Guy, Victor le prit à part, pour le rassurer et lui recommander de se lâcher, de ne pas hésiter à lui taper de toutes ses forces sur le torse afin de montrer le désespoir de son personnage et donner plus de crédibilité à la scène. Le résultat est là, magnifique moment d'interprétation qui reste encore dans toutes les mémoires. Comme Victor l'a souvent démontré, c'est aussi cela, être acteur, savoir donner pour aider ses partenaires.

*

Pour le film *Cousin, cousine*, je me souviens d'une de mes premières visites sur un plateau de cinéma. Le tournage se déroulait dans une grande maison, à une trentaine de kilomètres de Paris. Alors que l'équipe travaillait en intérieur, la plupart des acteurs discutaient entre eux, assis autour d'une table, dans le jardin, il faisait beau, c'était le printemps. Les scènes qui devaient se tourner ce jour-là étaient des scènes de fête familiale avec de nombreux enfants, l'humeur était aux farces et attrapes, et Guy Marchand déambulait avec un faux couteau sanguinolent planté dans le dos.

Pour Victor, enfin un rôle proche de sa personnalité et une nomination du film aux Oscars. Une période bénie et les véritables débuts de sa notoriété. Il s'était mis à rouler à moto, une Suzuki, un monstre de 750cc, avec lequel il venait fièrement nous rendre visite à Garches.

Mais c'est en voiture qu'il était venu me chercher à la sortie du lycée et qu'il avait voulu me parler en tête à tête. Depuis un moment déjà, Victor avait dû sentir mon nouveau regard et il m'encouragea ce jour-là à renoncer à ce fameux piédestal sur lequel je l'avais propulsé. Cette notoriété justement ne devait, en aucun cas, troubler nos relations.

Je me souviens aussi que j'étais à la veille d'un départ pour un séjour linguistique en Angleterre, et, sur le ton de la plaisanterie, mon père, pas très à l'aise, me parla de sexualité, me recommanda de prendre mes précautions et, surtout, de sortir « couvert »... Pourtant, à cette époque, le film de Michel Lang, *À nous les petites Anglaises*, n'était pas encore projeté sur les écrans.

Ce fut la première fois que je sentis une grande culpabilité chez Victor, celle d'avoir quitté le domicile familial alors que nous n'étions encore que des enfants. Il a voulu alors s'expliquer, me dire qu'un jour je comprendrais, mais ce que, moi, je ne lui ai jamais dit, c'est que cette séparation, je l'attendais depuis longtemps. J'avais trop souffert, et dans mon quotidien il n'y avait plus de place pour un père qui vivait plusieurs vies. C'était terrible, à ce moment-là, je l'admirais mais je voulais aussi qu'il s'en aille pour ne plus être pris à témoin.

Incroyable mémoire d'un petit garçon : encore aujourd'hui, j'ai l'image traumatisante, vue du balcon à Nanterre, de ma pauvre maman courant sur le parking derrière la 2 CV en pleurant et en hurlant pour que Victor revienne.

7

Si Yves Robert et Danièle Delorme avaient baptisé leur société de production « La Guéville », du nom d'une petite rivière qui traversait leur moulin, Victor baptisa la sienne : « Les Films de la Drouette », du nom de celle qui passait juste devant sa maison pour suivre son chemin jusqu'au moulin de Pierre Richard – tout le monde était un peu voisin.

Et c'est en 1979 que Victor produisit son premier film, *Au bout du bout du banc,* écrit et réalisé par Peter Kassovitz, une charmante histoire de diaspora au sein d'une famille juive qui penche vers la modernité, interprétée par Jane Birkin, Victor, Georges Wilson, mais aussi par le petit Mathieu Kassovitz, déjà un enfant surdoué au jeu naturel.

Puis, il y eut en 1981 *Une sale affaire,* un thriller, premier film d'Alain Bonnot qui avait été assistant de Jean-Pierre Melville, il ne manquait jamais de le rappeler. Le film se tournait au Havre et j'y avais passé du temps en tant que régisseur adjoint, tout seul, en préparation, et je m'étais fait des bons copains, roadies du groupe *Little Bob Story* qui m'avaient aidé à trouver des décors et des figurants.

Comme acteur, Victor partageait l'affiche avec Marlène Jobert. Comme producteur, il aimait tenir ce rôle à responsabilités. Il avait trouvé des locaux rue de Monceau dans le 8e arrondissement de Paris, et il passait beaucoup de temps au téléphone dans son bureau, où il recevait son associé Alain Terzian, futur et célèbre producteur des *Visiteurs*. Dans le casting, il y avait un petit rôle à distribuer, un rôle de junkie empêtré dans l'enfer de la drogue, une scène importante avec Marlène. Alain Bonnot lui montra des photos, il envisageait le jeune Richard Anconina, mais Marlène ne fut pas convaincue et proposa plutôt de prendre le Richard, fils de Victor. Elle avait même tranché en disant : « Il est tellement plus beau ! »

Et c'est ainsi que je fis le grand saut et me retrouvai très ponctuellement devant la caméra – chouette souvenir que d'avoir joué avec Marlène Jobert.

De son côté, Victor n'avait pas eu de réaction particulière quand on lui avait annoncé que j'allais jouer le rôle d'un drogué, mais, la veille au soir, j'eus la mauvaise idée de me mettre en condition et le lendemain matin, en arrivant sur le plateau, j'avais dû stopper la voiture pour vomir discrètement dans le caniveau ! Façon Actors Studio, je m'étais bêtement appliqué pour plonger dans le « mood » du personnage, un acte prémonitoire qui ne présageait rien de bon pour mon avenir.

Cette façon de jouer et de se mettre en condition n'a jamais été du goût de Victor qui se voulait beaucoup plus instinctif. Dans un entretien qu'il a accordé à la revue *Cinéma*, en 1983, il parle même de devoir faire le vide devant l'œil de la caméra, de devenir une sorte de « rien », une masse totalement libérée et prête à l'emploi. Pour le théâtre, bien entendu, il avait une autre approche beaucoup plus axée sur le travail de construction et d'appropriation de son personnage.

Au Havre, lors d'un tournage au commissariat, j'avais été surpris par l'attitude d'un jeune comédien qui se trouvait être également le coscénariste du film. La petite scène qu'il avait à défendre était une scène où il devait être particulièrement agité et essoufflé, et tout l'après-midi, en attendant qu'on l'appelle pour tourner, il avait passé son temps à courir comme un damné en faisant le tour du pâté de maisons afin de se mettre en situation. Toute l'équipe s'en était amusée car il avait beaucoup couru avec le risque réel d'être pris pour un malfrat qui se sauve du commissariat et, au final, le pauvre avait très peu tourné.

Dans le même registre, Victor me raconta une anecdote qui fit date à Hollywood, un échange célèbre entre deux monstres sacrés, sir Laurence

Olivier et Dustin Hoffman sur le tournage du film *Marathon Man* (1976).

Pour une scène où le personnage de Dustin Hoffman devait paraître épuisé après une nuit sans sommeil, l'acteur américain, suivant les préceptes de l'Actors Studio, s'était appliqué effectivement à rester éveillé toute la nuit. Le lendemain matin, le voyant arriver bien mal en point, Laurence Olivier s'est inquiété, et quand son jeune partenaire lui expliqua les raisons de sa fatigue, le lord anglais, un peu interloqué, lui demanda : « Et sinon, vous avez essayé de jouer tout simplement, c'est quand même plus aisé ! » Le même genre d'échanges se répéta quelques jours plus tard : avant de tourner une scène de footing, Dustin Hoffman a absolument voulu courir un long moment avant la première prise, alors que sir Laurence Olivier le regardait faire, toujours aussi sceptique, bien assis dans son fauteuil.

8

Victor était un entrepreneur dans l'âme, mais il n'a jamais été très doué pour les affaires. Comme producteur, il remporta un beau succès avec le duo qu'il forma avec Marlène Jobert, mais déjà, son film suivant généra moins d'entrées : *Boulevard des assassins* (1982), un polar politico-sulfureux dans lequel il interprétait le rôle de Jacques Médecin, alors maire de Nice, aux côtés de Marie-France Pisier, Stéphane Audran et Jean-Louis Trintignant.

Le sort des Films de la Drouette commença à prendre l'eau quand Victor s'enticha d'un projet de documentaire sur les recherches d'épaves sous-marines. Il investissait régulièrement beaucoup d'argent dans l'achat de matériel et récupéra quelques images qui ne furent jamais exploitables ; les galions gardèrent leur secret en restant cachés au fond des océans.

Puis, il y eut le fiasco de « Victor Lanoux Vidéo », mon père avait acheté le brevet du premier automate distributeur automatique pour la location de K7 vidéo. Mais la machine qu'il avait commencé à vendre partout en France ne fut jamais au point, les pannes se succédaient et le bilan dut être déposé. Mon pauvre papa fut convoqué devant le tribunal de commerce de Paris, alors que, quelque temps plus tard, les distributeurs automatiques de K7 et de DVD commençaient à prospérer aux coins des rues de la capitale. Victor avait perdu beaucoup d'argent mais il avait été un précurseur dans ce domaine.

*

Dès mes débuts de régisseur, j'ai eu la chance d'entrer et de rester dans une équipe régie qui travaillait beaucoup, et je me retrouvais régulièrement embauché, justement, chez Alain Terzian. Victor voyait d'un très bon œil que je poursuive mon métier chez celui qu'il a toujours appelé affectueusement « mon associé ». Chez Alter Films, Alain était très « famille » dans le choix de ses proches collaborateurs, et nous aimions sa belle image de producteur à l'ancienne, fidèle et attentionné. Nous enchaînions les longs-métrages avec lui, et pour *La Smala* (1984) je retrouvai également Victor. Un peu au débotté, trois semaines avant le tournage, il avait remplacé Jacques Villeret qui avait déjà de graves problèmes de santé. Le film ne fut pas simple à tourner dans les banlieues chaudes de Trappes, mais l'ambiance était au beau fixe avec une tribu de gamins et d'ados autour de Victor qui jouait le rôle d'un père plaqué quelque peu dépassé, aidé par une assistante sociale qui le regardait avec des yeux emplis d'amour, interprétée à merveille par Josiane Balasko. En revoyant le film récemment, je me suis aperçu que cette petite comédie n'avait pas pris une ride et qu'elle restera peut-être un film culte.

C'est également le cas pour *Les Démons de Jésus*, de Bernie Bonvoisin qui sortira en 1997, un petit chef-d'œuvre tourné sans moyens, dont l'action se déroule dans les années soixante et dans lequel Victor, au sommet de sa forme, campe encore un père dépassé en permanence alcoolisé, à la tête d'une famille de gitans sédentarisés et déjantés, sur une bande-son de haut vol choisie par Bernie, infatigable chanteur et créateur du groupe Trust et d'« Antisocial », avec qui Victor avait tout de suite sympathisé.

*

Le metteur en scène américain Samuel Fuller tourna un de ses derniers films à Paris, *Les Voleurs de la nuit* (1984), et il choisit Victor pour un rôle de commissaire. Sur cet autre tournage, j'étais régisseur adjoint et ravi de le retrouver encore une fois. Le vieux Samuel était un personnage incroyable, toujours le premier arrivé sur le plateau, avec un bloody mary à lui fournir de bon matin, en plus de son gros Havane indispensable pour imaginer son découpage de la journée. Je le voyais discuter avec Victor, en américain, il lui parlait de Lee Marvin que mon père avait croisé sur le tournage de *Canicule* d'Yves Boisset et il lui racontait le débarquement, son *Big Red One* (*Au-delà de la gloire*, 1980), en boucle. Victor hochait régulièrement de la tête pour ne pas le contrarier, mais je ne suis pas tout à fait certain qu'il comprenait tout ce que son metteur en scène voulait lui expliquer.

J'avais remarqué la présence assidue de l'attachée de presse, chose plutôt rare sur un plateau. Martine était une femme très distinguée, ce qui ne l'empêchait pas de partager le casse-croûte avec les électro-machinos et d'afficher sans complexe son franc-parler. Un jour, elle me proposa de venir passer le week-end chez elle, dans sa maison, à la campagne, près de Chantilly.

La cachottière ne m'avait pas encore parlé de sa famille, ni qu'elle connaissait déjà Victor et surtout Marie-José qui était sa grande amie. En arrivant à l'adresse indiquée, un valet en livrée était chargé d'accueillir les invités, un jeune Black coiffé d'une perruque Grand Siècle, je pensai tout de suite à un bal costumé et je n'avais pas été prévenu. Mais il s'agissait du personnel engagé en extra pour les festivités qui, par tradition, suivent le prix de Diane. Martine était, et est encore, je suppose, l'épouse de Patrick Guerrand-Hermès, et elle ne me l'avait pas dit, pas plus qu'ils habitaient un magnifique château en bordure du parc de Chantilly. J'étais donc arrivé en jean et baskets, mais un de leurs fils, quasi du même âge que moi, me prêta une chemise et une veste, et je parvins à faire relativement bonne figure, même si personne ne s'empressa de me présenter à l'infante d'Espagne ou au comte de Paris. Patrick, Martine et leurs enfants faisaient partie du gotha. Ils étaient aussi des gens accueillants et charmants, je garde un souvenir précieux de leur amitié, Victor également les appréciait beaucoup.

9

Au début des années quatre-vingt, Victor a acheté une superbe propriété sur la route de la Normandie, à Pacy-sur-Eure. Une drôle de maison de plain-pied, en L, qui ressemblait à un ranch avec des box pour chevaux, et agrémentée d'un terrain immense, d'un bois et d'un étang gigantesque pour pêcher et se baigner.

Ce lieu fut rapidement considéré comme le rendez-vous des copains, férus de pêche. Charlie, maquilleur attitré de Jean-Paul Belmondo, et sa fidèle assistante, surnommée « la décrocheuse » (de poissons), venaient régulièrement. Jacquot Richard aussi aimait venir pêcher avec Victor, et un jour, Christophe Lambert fut invité à se joindre au groupe. Il avait tourné dans *Une sale affaire* et Victor l'avait pris sous son aile.

Christophe était novice en matière de pêche et c'est bien la chance du débutant qui lui fit attraper, dès son premier lancer, un brochet d'un mètre de long. Christophe était fou de joie et ses aînés, à côté, l'avaient un peu mauvaise. En tant qu'acteur, il venait surtout de décrocher un contrat fabuleux pour jouer le rôle de Tarzan. Il nous raconta qu'il devait apprendre la gestuelle des singes, et en effet, il eut beaucoup de mal à revenir pêcher avec nous, car il dut s'exiler à Londres pour passer plusieurs mois enfermé dans des cages, à s'entraîner avec des chimpanzés.

*

À cette époque des Films de la Drouette et de Pacy-sur-Eure, Victor s'était mis à jouer au poker plus que par le passé. Une table avait été organisée chez des marchands de biens, voisins des bureaux de la rue de Monceau.

Peu de confidences de la part de mon père sur ce genre de distraction, j'avais néanmoins posé quelques questions sur les allées et venues de deux comparses que je savais intimement liés au jeu, Jacquot, bien sûr, et Bernard Tixier dit Titi, un acteur hors du commun, une tronche parfaite pour les petits rôles de flics ou de truands, et un homme très attachant. D'après ce que Victor m'avait expliqué, les trois complices avaient trouvé deux clients sérieux, ces deux marchands de biens faisaient facilement monter les enchères, surtout l'un d'entre eux qui ne maîtrisait pas forcément toutes les subtilités du poker et qui avait tendance à perdre beaucoup d'argent. Si je me souviens bien, il s'appelait Philippe. Flambeur, un peu « m'as-tu-vu », mais fort sympathique, car portant en lui une certaine dose de naïveté de petit garçon qui se manifestait par sa bonne humeur permanente quand il était en compagnie de ses amis acteurs, aux côtés de Victor surtout, qui était déjà très connu. Au bord de l'étang, alors qu'il n'avait jamais touché à une canne à pêche, le fameux Philippe avait sorti, du coffre de sa grosse BMW, une panoplie et un matériel incroyable, il avait dû acheter la boutique, il y en avait pour une fortune, mais là non plus il ne savait pas trop comment s'y prendre, et il avait été largement moqué par ses potes très taquins.

*

Autre visiteur inattendu au bord de l'étang. Victor s'était bien gardé de nous annoncer la venue de Christian Prouteau, chef du GIGN. Il avait connu le super gendarme sur un tournage et il était allé passer toute une journée avec le célèbre groupe d'intervention qui ne s'était pas encore compromis dans l'affaire des Irlandais de Vincennes. Il en était revenu avec un drôle de cadeau, un fusil à pompe impressionnant qu'il a gardé très longtemps. Chaque fois qu'il déménageait, le fusil restait caché au fond d'une armoire, mais je ne l'ai jamais vu s'en servir, sauf en imagination, dans son dernier livre intitulé *Deux heures à tuer au bord de la piscine*.

Dans ce livre qu'il a écrit après une ultime opération du cœur, Victor se raconte, et son personnage vieillissant nous laisse deviner qu'il a l'intention d'en finir et de passer à l'acte avec ce fusil à pompe, posé à côté de lui. Un moment de rêverie solitaire dans sa dernière grande maison, au bord de la piscine des années trente métamorphosée en gigantesque bassin pour les poissons pêchés dans la rivière d'à côté. Les hasards de la vie l'ont fait revenir vivre près de la Drouette, avec Véronique, sa dernière épouse. De cette maison gigantesque et luxueuse, nous pouvions apercevoir la petite maison, voisine du moulin de Pierre Richard, que nous avions quittée trente ans auparavant. Et je me souviens d'une visite de Pierre, époustouflé par l'endroit avec ses statues d'époque qui apparaissaient aux détours d'une balade dans le parc. Bien que très diminué par sa dernière opération, Victor était fier et heureux de pouvoir accueillir et faire découvrir les lieux à son plus ancien copain.

10

Le jeu, un terrible atavisme contre lequel Victor a dû longtemps lutter, un goût prononcé transmis par son propre père. Pépé Richard n'avait jamais officiellement travaillé de sa vie, aucun bulletin de salaire, et pourtant, il est mort d'épuisement à l'âge de soixante-dix ans. Héritier d'une pêcherie d'éponges à Sfax, en Tunisie, il arriva en France avant la guerre pour se consacrer uniquement à sa passion du jeu. De confession juive, il se maria avec Jeanine Tardif, une Normande catholique qui se lassa très vite de le voir courir les salles de jeu et les champs de courses.

Ce qui n'empêcha pas la naissance de deux enfants, fruits de cette union contre nature, Andrée, l'aînée, et Victor, le plus jeune. Toute sa vie, et même s'ils ne se voyaient que très rarement, mon père garda des rapports affectueux avec sa sœur aînée. À l'occasion d'un portrait filmé et réalisé par Véronique, son épouse, il avait convié ma tante à venir passer toute une journée dans la grande maison de Droue.

Comme sa mère, Andrée était une femme de caractère mais tempérée par une certaine douceur. Après une vie entière passée dans les bureaux de la Sécurité sociale, pour occuper sa retraite Andrée s'était mise à écrire des poèmes et des pièces de théâtre qu'elle créaient avec une troupe amateur de la région où elle habitait, en Seine-et-Marne. Je me souviens aussi que cette tante n'était pas dénuée d'humour et qu'elle aimait bien rigoler, ce que je n'ai jamais senti chez ma grand-mère paternelle qui, pour mes sœurs comme pour moi, affichait souvent un masque de sévérité sur le visage. Enfants, elle nous faisait un peu peur et nous n'avons jamais été très à l'aise avec cette mamie si peu maternelle. À sa décharge, elle n'a pas eu une vie facile, la guerre était passée par là, et elle souffrait d'une vue très approximative suite à la tuberculose qu'elle avait développée dans un œil. Ce qui ne l'empêcha pas de se présenter sur une liste électorale et d'être une des premières femmes élue au conseil municipal de Boulogne-Billancourt.

*

Pendant la guerre, mon grand-père Richard Shalom Nataf fut arrêté lors de la rafle du Vél d'Hiv, puis caserné à Drancy, mais il parvint à passer au travers de la déportation et dut sans doute se cacher jusqu'à la Libération. Je dis « sans doute » car j'ai toujours disposé de peu d'informations au sujet du sort de mon grand-père.

Pépé Richard était « mariole », disait Victor, il se serait échappé du camp de Drancy. Avec Emmanuelle, ma sœur, cette question nous a souvent taraudés, comment aurait-il pu s'échapper ? Aurait-il commis des actes inavouables pour s'en tirer ?

Du côté de notre mère, nous avions déjà découvert que notre grand-mère avait dénoncé son mari communiste car il l'avait trompée et, suite à la dénonciation de cette mamie, que nous avions tant adorée, le pauvre Louis, cet autre grand-père, avait passé quatre ans emprisonné en Allemagne. Alors, avec ma sœur, nous nous posions des questions également sur Pépé Richard. Mais aucune réponse, Victor a totalement occulté cette partie de ses origines, ce n'était pas son histoire, le judaïsme n'avait pas été transmis par la mère. Ses véritables racines, il les a toujours identifiées en Creuse, chez cette famille Ribière qui l'a recueilli et élevé, d'où, peut-être, sa capacité à interpréter si facilement des rôles de paysan. Jean Rochefort, lui-même, en était impressionné, il savait que mon père s'appelait Nataf et il avait bien du mal à comprendre d'où Victor pouvait tirer son inspiration.

Le fait que Pépé Richard ait épousé une catholique a joué en sa faveur. À Drancy, certains Juifs qui justifiaient d'une telle union pouvaient être libérés, je l'ai appris dans un documentaire sur la déportation, bien des années plus tard.

*

J'ai conservé quelques souvenirs de mon grand-père, un petit homme sec et plutôt sévère. Nous le voyions débarquer parfois à Nanterre, soit avec des petits soldats de plomb qui valaient très cher, s'il avait gagné au jeu, soit pour emprunter quelques francs à ma mère, s'il avait tout perdu. Dans ce même dernier livre, *Deux heures à tuer au bord de la piscine*, Victor ne s'est pas montré très tendre, et j'ai appris avec stupeur que son enfance avec son père fut ponctuée d'humiliations, de brimades et de coups de baguette sur la plante des pieds. Visiblement, il ne m'avait pas tout raconté.

Plus d'une fois, j'avais entendu son agacement en voyant débarquer son père, à la sortie du TNP. Pépé Richard hurlait « Mon coco ! » pour interpeller son fils sur les marches du palais de Chaillot, et Victor ne savait plus où se mettre. À lui surtout, mon grand-père venait régulièrement taper de l'argent, alors qu'à cette époque les fins de mois étaient très difficiles pour la famille.

Une année, alors qu'il avait dû gagner de l'argent aux courses, Pépé Richard avait pris le train et nous avait rejoints en vacances, en Espagne. Sur le bord du chemin qui menait à la plage, il m'avait montré comment décortiquer les figues de barbarie sans se piquer, et j'étais stupéfait de le voir manger à pleines dents les fruits rouges redoutés qui pendaient aux arbres à piments.

Si mon grand-père n'a jamais été payé officiellement, il a fait tous les métiers autour du jeu pour gagner un peu d'argent. Vendeur de billets dans le bus qui conduisait les turfistes à Longchamp, bookmaker, joueur à la solde d'une salle de jeu sélect, l'Aviation Club de France, près des Champs-Élysées, revendeur de billets au marché noir pour les grands matchs ou les grandes compétitions, ce qui n'a malheureusement jamais suffi pour éviter de finir dans le dénuement.

Je ne l'ai pas vu partir, Victor ne voulait pas que je vienne à l'hôpital, il considérait que j'étais beaucoup trop jeune pour assister à ce triste spectacle. Aimait-il son père, le détestait-il ? Encore aujourd'hui, je ne peux me prononcer vraiment.

*

Les choses furent beaucoup plus claires quand, bien des années plus tard, nous fîmes le déplacement ensemble pour nous rendre aux obsèques de sa mère, Jeanine. Il hésita à me le dire mais finit par m'avouer qu'il n'éprouvait aucun sentiment, ni douleur, ni regret, rien, le vide, presque l'indifférence. Il faut dire aussi que ses relations avec sa mère ne furent guère plus joyeuses. À l'âge de quatorze ans, elle le mit à la porte – elle venait de rencontrer un Corse belliqueux qui ne voulait pas de lui dans l'appartement.

Victor transféra toute son affection sur sa grand-mère maternelle. Nous, ses arrière-petits-enfants, nous l'appelions Mémé Bonbon, car elle nous distribuait généreusement des pastilles Vichy. Victor m'avait raconté que, au moment où il était parti pour la guerre d'Algérie, sa mémé lui avait dit : « Ne t'inquiète pas mon grand, j'ai pris une place de plus pour toi dans le caveau familial, au cimetière ! » Une femme pragmatique qui avait les pieds sur terre mais qui a complètement perdu les pédales à la fin de sa vie. Victor en dressa un portrait amusant et attendri dans sa pièce intitulée *La Ritournelle*. Il avait écrit le rôle pour Edwige Feuillère, mais la grande dame de théâtre avait dû renoncer, elle ne se sentait plus la force de porter un tel projet. Victor connaissait Edwige Feuillère depuis toujours, il était déçu, mais il finit par rebondir quand il eut l'idée incroyable de faire jouer le rôle par un petit homme habillé en femme, Sim, avec qui il avait repris *Le Tourniquet*, l'année précédente. *La Ritournelle* fut un immense succès et la confirmation d'une très belle amitié qui dura jusqu'à ce que la mort les sépare. Sim est parti le premier et Victor en fut infiniment affecté.

11

Avant 1981, Marie-José et Victor étaient sympathisants du Parti socialiste, c'était connu, même si je ne les ai jamais vus participer à un meeting. Pourtant, à ma connaissance, ils n'ont pas voté pour Mitterrand Président. Bizarre, et quand j'ai demandé des explications à mon père, il m'a répondu, avec une certaine dose de mauvaise foi que, toute sa vie, il avait été du côté de l'opposition et qu'il n'y avait aucune raison que cela change.

D'ailleurs, Victor n'a jamais donné suite aux invitations de l'Élysée, envoyées par les différents présidents, et la seule décoration qu'il ait accepté de recevoir est celle de chevalier des Arts et Lettres. Pour un gamin qui a quitté l'école à quatorze ans, ce fut une belle reconnaissance. Et quand, le 4 mai 2017, mon père a tiré sa révérence en volant la vedette, aux infos, à Macron et à Le Pen de l'entre-deux-tours, ce fut un joli pied de nez à ce monde politique qu'il avait toujours évité de côtoyer et tenu à distance.

Sauf Edgar Faure, homme d'État mais aussi homme de lettres et académicien, avec qui ils étaient amis, Marie-José et lui. Je me souviens que Victor avait racheté sa Mercedes rouge de sénateur, un rouge pompier qui ne passait pas inaperçu sur les petites routes de la Creuse où le noble véhicule avait atterri pour finir sa carrière. Intérieur prestigieux en bois et en cuir, boîte automatique, un moteur énorme qui vous faisait perdre toutes vos économies quand vous passiez à la pompe. Je me rappelle aussi avoir dû appeler à la rescousse un paysan et son tracteur pour m'aider à me sortir d'un chemin détrempé qui m'avait mené jusqu'au Thaurion, la belle rivière à truites sur les bords de laquelle nous avions découvert de nouveaux parcours pour pratiquer notre passion : la pêche au lancer à la cuillère ou au vairon casqué.

*

Avant d'évoquer la Creuse plus en détail, je fais un détour sur les années Marie-José. Elles furent ponctuées, surtout pour mes sœurs Emmanuelle et Stéphanie, par des séjours avec leur père, en Corse. Victor insistait pour que je vienne aussi, et, lors d'un été à Paris sans boulot, je me décidai à prendre l'avion jusqu'à Figari. Marie-José disposait d'une maison de ville construite sur les falaises de

Bonifacio, mais aussi, plus pratique pour la baignade, d'une ravissante maison californienne tout en bois, construite dans le parc de Ciappili, avec accès à la mer par une ravissante petite plage privée. Un lieu privilégié sous surveillance, avec gardien à l'entrée, où nous pouvions croiser le célèbre réalisateur italien Marco Ferreri et, sur le cours de tennis, Christine Ockrent en pleine partie avec Bernard Kouchner.

Victor entretenait des rapports distants avec les Corses, sa fierté et surtout sa patience étaient mises à l'épreuve. Lors de parties de pétanque par exemple, ou quand il fallait respecter les codes pour ne pas se mettre à dos un cousin, ou le cousin d'un cousin qui tardait désespérément à finir des travaux dans une des deux maisons.

Néanmoins, je me souviens de soirées magnifiques, dans un restaurant de la vieille ville, Marie-José y était reçue comme une reine, et nous dégustions des pâtes à la langouste. Le propriétaire des lieux, une figure locale, m'avait montré l'énorme flingue qu'il gardait toujours dans la boîte à gants de sa voiture, sous-entendu « Si tu as un problème ici, tu me le dis, je m'en occupe ».

Les problèmes, je les ai sentis venir quand je me suis mis à fréquenter une jolie vendeuse de bijoux, une amie de Marie-José que je suivais de bon matin pour des parties de chasse sous-marine. Nous nous retrouvions à l'aube, la crique de Ciappili était déserte, elle nageait comme un poisson, elle avait un corps de sirène, nue sous sa combinaison qu'elle s'appliquait à enfiler devant moi avant de se mettre à l'eau. Mais je fus rapidement averti et refroidi, la ravissante jeune femme était mariée à un Corse, un garagiste vendeur de motos, alors attention, on ne plaisante pas, et je dus me résigner à éviter de croiser le chemin de la belle chasseresse et à aller chasser seul. Un jour, je parvins à attraper un énorme loup à la sortie de son trou, situé à la verticale des rochers. Mon père le prépara avec soin pour le déjeuner de la famille – Marie-José et ses enfants étaient très impressionnés.

Je fus moins fier avec l'épisode de l'épaisse moquette blanche qui recouvrait le sol de ma chambre. La vue était unique au monde, à l'aplomb des falaises, face à la mer. Dans la journée, on entendait les haut-parleurs des bateaux à touristes qui reprenaient en chœur et en contrebas l'histoire de Bonifacio et la présence en ses murs de la superbe maison de Marie-José Nat et Victor Lanoux. Le soir, je me postais à la fenêtre et je fumais tranquillement mon joint, j'avais l'impression d'être à la proue d'un navire lancé entre ciel étoilé et mer bleu marine, c'était magnifique. Mais mon père finit par venir me demander des explications sur les multiples petites brûlures qui constellaient la moquette. Je n'avais pas vu qu'en fumant le vent renvoyait vers l'intérieur une multitude de bouts rouges incandescents. Marie-José avait fait son tour d'inspection et avait envoyé Victor me faire la leçon. Je me sentais ridicule, un vrai gamin pris en train de voler des bonbons, Victor n'eut pas à insister pour que j'aille présenter de plates excuses à la maîtresse de maison, et, le soir suivant, je prenais plus de précautions.

La posture du couple en vacances restait un mystère. Plutôt que de profiter du grand air, Marie-José et Victor passaient leurs après-midi enfermés à jouer au gin rami. Il est vrai aussi, déjà à l'époque, qu'ils ne pouvaient pas sortir sans être importunés par les touristes et les fans qui montaient, tout en haut de la vieille ville, pour tenter d'apercevoir un peu de leur intimité de stars de ciné. Ils étaient tellement beaux, j'ai récemment retrouvé une photo sur Internet, une projection au Festival de Cannes, Marie-José était splendide en robe de soirée, au bras de son amoureux en smoking ; question glamour, tous les deux ensemble, on ne pouvait pas rêver mieux.

12

Je me suis toujours demandé si Marie-José avait eu, elle aussi, à subir les humeurs de Victor quand ils jouaient ensemble, au gin ou au backgammon, je n'ai jamais vu plus mauvais joueur que lui, c'était pathologique, il détestait perdre à tous les jeux. Quand nous jouions au tarot avec ses copains Jacquot et Titi, ma mère se joignait parfois à nous pour organiser une partie à cinq, ce qui avait pour conséquence de faire équipe avec un autre joueur de la table, et tout le monde priait pour que ma pauvre maman ne tombe pas avec son mari car c'était la prise de tête garantie. Nicole ne jouait pas assez bien, elle était beaucoup trop distraite pour retenir les plis qui étaient passés les tours précédents, et Victor devenait fou, presque méchant. Pourquoi de telles réactions disproportionnées quand il avait des cartes en main ?

Je compris bien plus tard car le tarot devint notre jeu favori : pas un week-end, à Droue-sur-Drouette, sans une partie. Victor s'était rodé sur le tournage d'*Adieu poulet,* un film de Pierre Granier-Deferre, et tous les soirs, à l'hôtel, il avait comme prof particulier un certain Lino Ventura qui, lui, jouait très sérieusement depuis des années. J'imagine le ton féroce de l'intouchable Lino quand mon pauvre papa faisait une faute de débutant. Plus d'une fois, Victor avait dû faire profil bas sans broncher, et par la suite, alors qu'il avait vite compris toutes les subtilités du jeu, il reproduisait inconsciemment le même schéma quand il avait, à son tour, un joueur hésitant assis à ses côtés.

Mais il y avait aussi les parties de tennis. Mon père n'avait jamais touché une raquette de sa vie et, apparemment, il n'était pas le seul dans la fine équipe des films d'Yves Robert. Avec Victor, Rochefort, Bedos et Brasseur étaient tous les quatre drivés par des pros et ils devaient s'entraîner pour le double, afin de préparer la fameuse scène de l'aéroport au bout de la propriété.

Cet échauffement aurait pu coûter très cher à mon père, il aurait pu ne pas tourner le film suite à un malheureux accident. Lors d'une mauvaise montée au filet, Jean Rochefort lui avait maladroitement envoyé le revers de sa raquette dans les gencives, Victor s'était fait opérer et il avait failli perdre toutes ses dents. J'imagine la gêne de Jean, quoique, il aurait bien été capable de lancer sur le moment : « T'inquiète mon grand, ce n'est pas un pauvre bec-de-lièvre qui t'empêchera de jouer la comédie ! » – sacré Jean !

Comme régisseur, j'ai participé à plusieurs films avec Jean Rochefort en vedette. Le premier s'intitulait

L'Indiscrétion, réalisé par Pierre Lary en 1981 et déjà produit par Alain Terzian. Jean-Pierre Marielle et Dominique Sanda partageaient l'affiche avec lui. Je n'étais encore que jeune régisseur adjoint, et j'aimais aller dans les loges pour écouter Rochefort et Marielle se livrer à leurs commentaires en tous genres sur la vie, l'actualité, mais aussi sur leur partenaire féminine. Les qualifier de misogynes peut paraître déplacé aujourd'hui, alors que ni l'un ni l'autre ne font plus partie de ce monde, et pourtant les oreilles de Mlle Sanda ont dû siffler plus d'une fois, même si rien n'était vraiment méchant, les deux complices à moustaches déjà grisonnantes aimaient se livrer à l'exercice de la coupe du costume sur mesure.

Par la suite, je retrouvai Jean également sur *Un dimanche de flic* réalisé par Michel Vianey en 1982, avec à ses côtés Victor et Barbara Sukowa comme principaux interprètes. Autre film, autre ambiance. L'actrice allemande, qui avait ourdi ses armes de séduction avec Fassbinder, faisait l'objet de toutes les attentions de la part de ses deux partenaires masculins.

Puis il eut aussi en 1987 *Le Moustachu,* de Dominique Chaussois, avec Jean-Louis Trintignant et Jean-Claude Brialy. Un cauchemar de régisseur de devoir rester pendant trois semaines de nuit sur une aire d'autoroute en construction où un des principaux moments du film devait être tourné, un film d'espionnage, une sorte de parodie, avec des scènes de filature et d'échange dans un drôle d'endroit pour une rencontre.

Avec ces trois tournages à plusieurs années d'intervalle, j'avais fini par mieux connaître l'homme derrière le comédien, et j'ai été très touché de retrouver récemment un mot manuscrit que Jean m'avait adressé pour me remercier de l'envoi d'un de mes recueils de poésie et sur lequel il avait signé chaleureusement : Ton Rochefort.

*

Pour en revenir au tennis, Pierre et Victor avaient pris des parts pour jouer régulièrement sur un court situé en pleine forêt, non loin du moulin, et les deux familles pouvaient en profiter aisément. Pierre jouait souvent, et il m'a raconté que, lors d'une partie contre Victor, qu'il était en passe de remporter, mon père avait subitement quitté le terrain, prétextant une gamelle à cuire qu'il avait oublié sur le feu, à la maison. Pour Pierre aussi, Victor était le plus grand mauvais joueur qu'il ait jamais connu, mais il en parle aujourd'hui avec une affection infinie.

Mon père m'avait offert des cours particuliers pour pouvoir jouer avec lui, et si, à mes débuts, il ne pouvait que gagner, le jour où j'ai commencé à représenter une menace, il arrêta définitivement le tennis. Comme pour la pêche, quand je me mis à revenir avec plus de truites que lui, il préféra lever le pied et ne plus aller crapahuter dans les rivières, préférant la pêche aux gardons, plus tranquille, au bord de son étang, en Creuse, avec son ami Sim.

13

La rencontre avec Sim date de 1987, pour la reprise du *Tourniquet,* quinze ans après sa création. Là aussi, Victor avait prévu un autre casting, il avait proposé le rôle du simple d'esprit à Pierre Étaix. Mais, très rapidement, le clown surréaliste s'était retiré du projet, ne se sentant plus de taille à apprendre le texte. Était-il trop modeste ? Un artiste si surprenant, si complet !

Jean-Claude Brialy produisait la pièce dans son théâtre des Bouffes Parisiens, et Victor parvint à le convaincre d'engager Sim. Victor et Sim se connaissaient à peine, ils s'étaient croisés à l'époque du cabaret. Mon père m'avait raconté que Pierre Richard et lui redoutaient de passer sur scène après Sim. Car passer sur scène après Sim, c'était comme passer après un numéro d'otaries, le bide assuré, impossible de faire rire plus que l'artiste précédent. Et quand arriva le premier jour de répétition, dans une toute petite salle que louait la production près de la place de Clichy, j'assistai aux premiers échanges de deux grands timides qui se vouvoyaient.

Victor m'avait pris comme assistant à la mise en scène, une première expérience de travail en tête à tête, j'étais aux anges. Et Sim était un être si doux, si simple, un enfant de soixante-dix ans dans sa tête, la timidité ne dura qu'un instant et la complicité fut immédiate. Quand Sim et Victor marchaient côte à côte dans la rue, on aurait dit Laurel et Hardy.

Ce genre de théâtre était une grande première pour Sim, Simon de son véritable prénom. Simon était plus habitué aux numéros de bruitages insensés et aux tours de chant avec sa fameuse chanson « J'aime pas les rhododendrons ». Il était inquiet et, au fil des répétitions, Victor avait dû le mettre en confiance. La pièce fut, à nouveau, un succès. Sur scène comme dans la vie, leur duo fonctionnait à merveille.

Jean-Claude Brialy passait nous voir régulièrement quand nous nous sommes installés dans le décor, au théâtre ; il nous avait aussi invités dans son restaurant de l'île Saint-Louis. Jean-Claude aimait beaucoup Victor, ils s'étaient mieux connus grâce à Marie-José, son amie de longue date. Tous jeunes, Jean-Claude et Marie-José avaient joué ensemble au théâtre une pièce de Norman Krasna intitulée *Un dimanche à New York* – c'était en 1962.

*

De mon côté, j'avais rencontré Jean-Claude sur le tournage d'un film de Francis Girod, *La Banquière*, avec Romy Schneider. Je n'étais que simple stagiaire, et pour pouvoir travailler, j'avais hérité de la 2 CV familiale dont je me servais pour aller chercher Brialy chez lui, place des Vosges. Tout le monde m'avait prévenu : l'acteur avait la main baladeuse avec les jeunes gens ; mon chef en avait fait les frais et il m'avait désigné volontaire pour la fois suivante. Je m'étais donc arrangé pour que Jean-Claude monte à l'arrière, ce qui le fit beaucoup rire sur le moment car, pour la nécessité du tournage, j'avais récupéré des faisans vivants enfermés dans un carton que j'avais posé sur le siège avant. Mais Jean-Claude ne manqua pas de préparer son numéro en arrivant sur le décor, un superbe château à la campagne. Il attendit que je vienne lui ouvrir la portière, comme un chauffeur de maître, et il fit celui qui tape un scandale en hurlant devant Francis Girod : « Vous avez vu dans quoi on ose m'envoyer chercher ! ? Une bétaillère, avec des faisans, comme une vulgaire cocote ! » Toute l'équipe avait beaucoup ri, et moi, petit stagiaire, je ne savais pas trop quoi en penser.

*

Comme Jacquot Richard, Sim a très rapidement intégré la famille. Abel et Yann, mes deux garçons, l'adoraient, ils l'appelaient Papi Tim. Je me souviens d'un dîner à Saint-Raphaël, Victor avait loué une belle maison pour les vacances, et Simon avait disparu. Il s'était levé de table au milieu du repas et, au bout d'un certain temps, tout le monde s'était mis à le chercher. Nous l'avons retrouvé avec les deux gamins, dans leur chambre, il regardait un film de Charlie Chaplin avec eux sur un petit lecteur DVD, et avait complètement zappé le dîner des adultes pour rester avec ses deux nouveaux copains. À la fin de sa carrière, Simon s'était retiré à Roquebrune-sur-Argens, dans le Var, où le pauvre subissait parfois de sévères incendies. Et après avoir écrit de nombreux bouquins, il s'était mis à peindre. Ses tableaux étaient charmants, souvent naïfs, et Sim m'avait dit qu'il avait commencé une toile pour les garçons. Un tableau qui tardait à arriver, et malheureusement Simon s'est éteint avant de pouvoir nous l'apporter personnellement ; c'est sa femme Marie-Claude et sa fille Laurence qui nous ont offert ce magnifique clown à nez rouge sur un fond rouge vif, et une jolie dédicace pour Abel et Yann.

J'ai hésité plusieurs jours avant de leur annoncer la disparition de Papi Tim, je craignais leur réaction qui fut d'un naturel désarmant. Quand je leur ai dit que Sim était mort, Yann a réagi spontanément, plus que surpris, en m'interrogeant : « Ah bon !? Mais qui c'est qui l'a tué ? » a-t-il demandé. Si Simon avait pu l'entendre, il aurait bien rigolé.

Sim est parti très rapidement, il est entré à l'hôpital pour une pneumonie, et trois semaines plus tard il n'était plus là. Seul Victor a pu venir lui dire au revoir, et il m'a raconté que le pauvre Simon avait énormément maigri et qu'il était branché à une quantité incroyable de tuyaux et de fils.

Se voyant comme revenu en arrière, un vieux bébé, nu en couches-culottes, allongé sur son lit avec ses tuyaux partout, Sim a dit à Victor : « Tu te rends compte ce que je suis obligé d'inventer maintenant, pour te faire marrer ! ? »

Par pudeur, Victor a rarement évoqué la perte de ses amis proches. Mangé par une récidive d'un cancer, le beau Jacquot était déjà parti, et mon père avait lâché pendant les obsèques que, lui aussi, il s'était vu bientôt partir dans le trou.

Alors que Jacquot était déjà très malade, Victor avait fait en sorte de lui dégoter un beau personnage de collègue brocanteur, lors d'un des premiers épisodes de *Louis la Brocante,* tourné sur la foire de Lille. Un personnage qui aurait pu revenir régulièrement si le mauvais sort n'en avait pas décidé autrement.

14

Un souvenir d'enfance me vient soudain à l'esprit, celui des escapades que Victor organisait quand nous habitions encore à Nanterre. Le pique-nique était chargé dans la 2 CV, avec une couverture pour s'allonger dans l'herbe, et nous prenions la direction de la forêt de Saint-Léger-en-Yvelines. Un petit coin repéré, un coin de paradis, au bord d'un ruisseau où courait une eau vive et abondante, nous y plongions la bouteille pour qu'elle conserve sa fraîcheur car une activité sportive nous attendait. À l'automne, la chasse aux champignons était devenue une façon de prolonger les vacances en famille. Avant d'y toucher, nous devions les montrer à notre père pour qu'il vérifie qu'ils soient bien comestibles. Victor était un mycophile averti, pour cette discipline également, il s'était instruit tout seul, en autodidacte. Je revois encore le dictionnaire Bordas sur les champignons, une petite bible qui nous a suivis pendant des années. Et une passion que Victor avait contractée dès son plus jeune âge, avec le père Eugène, le grand-père de la famille Ribière qui l'avait recueilli en Creuse, pendant la guerre.

Le dimanche, donc, ce coin à champignons nous permettait de remplir des paniers d'énormes cèpes de Bordeaux et de petits bolets.

Un jour où la cueillette avait royalement commencé et où, à peine descendus de la voiture, nous étions tombés sur plusieurs spécimens bien dodus, pour mieux chercher, nous nous étions tous dispersés. Quelques minutes plus tard, chacun de son côté, nous reconnûmes la voix de notre mère qui s'entêtait à crier au loin : « Un cèpe ! Un cèpe ! » Des cèpes, il y en avait partout, pourquoi criait-elle ainsi ? Nous accourûmes, il ne fallait pas alerter d'éventuelles autres familles qui pouvaient chercher, elles aussi, et nous découvrîmes notre mère, tétanisée dans les buissons. Elle s'était retrouvée face à un cerf immense qui l'avait défiée du haut de ses bois menaçants, et elle avait crié : « Un cerf ! un cerf ! », mais nous n'avions pas bien compris. Pauvre maman terrifiée, nous avons fini par éclater de rire avec elle – s'il était resté dans les parages, le cerf avait dû décamper sans s'attarder.

Une autre fois, alors que les champignons se faisaient rares, cela arrivait de temps en temps, j'ai trouvé un billet de dix francs posé sur un tapis de bruyère, puis un deuxième billet identique, et enfin, un dernier à quelques mètres de distance. Tout le monde m'a félicité et s'est mis à chercher intensément, surtout mes sœurs, mais le magot n'a pas augmenté, pas de pactole bien caché dans la forêt, trente francs seulement, une fortune cependant pour ma tirelire d'enfant.

15

Une femme à sa fenêtre, Y a-t-il un Français dans la salle ?, Louisiane, La Triche, Le Lieu du crime... autant de films avec des rôles très intéressants mais tous très différents.

Pour *Une femme à sa fenêtre,* réalisé par Pierre Granier-Deferre en 1976, je conserve une magnifique photo de Victor avec Romy Schneider. Il jouait le rôle d'un anarchiste et elle, d'une grande bourgeoise mariée à un diplomate cynique, dans la Grèce des années trente. Pendant le tournage, mon père avait eu un sacré souci, un accident lors d'une séquence où il devait escalader une grille et où il s'était accroché le pied en hauteur avant de retomber de l'autre côté. Cheville cassée et plâtre pour finir le film. Avec Romy, tout s'était très bien passé, mais avec Philippe Noiret, les choses s'étaient avérées plus compliquées. Peu d'échanges et peu d'affinités. Noiret regardait Victor un peu de haut, mais, allez savoir, mon père également n'était pas du genre très liant quand il en avait décidé autrement.

Pour *Y a-t-il un Français dans la salle ?* adapté d'un roman de Frédéric Dard et réalisé par Jean-Pierre Mocky en 1981, Victor s'était teint en roux pour les besoins de son personnage du président Tumlat, un genre de président du Conseil qui s'amourache d'une ravissante jeune fille et qui tient à dissimuler ses cheveux gris. Victor avoua plus tard que c'est le seul personnage dont il eut du mal à se débarrasser, du fait du maquillage ; il s'était projeté vieillissant et cette image l'avait longtemps poursuivi. Sur le tournage, Mocky restait fidèle à sa réputation de réalisateur déjanté qui dit « Moteur » à tout bout de champ, sans se soucier de savoir si les techniciens et les acteurs sont prêts. Pour se préserver de cette gentille hystérie, mon père avait installé des rapports particuliers avec son metteur en scène : il ne s'adressait à lui quand l'appelant « Monsieur Mocky », et Mocky lui répondait par des « Monsieur Lanoux », des rapports très courtois qui leur ont sauvé la mise à tous les deux. Autour de Victor, un casting haut en couleur : Michel Galabru, Jacques Dutronc, Jacqueline Maillan, Dominique Lavanant, Jacques Dufilho, Jean-François Stévenin et Jean-Luc Bideau. Au moment de la sortie du film, tout le monde en parlait, il fallait absolument aller voir la dernière folie de Dard et Mocky. Ce fut un grand succès, plus de quatre millions de spectateurs.

Pour *La Triche*, réalisé par Yannick Belon en 1983, Victor campait un commissaire de police amoureux d'un jeune garçon interprété par Xavier Deluc. Une homosexualité cachée, dans un milieu de bourgeoisie de province. Beaucoup d'émotion, de délicatesse, et une crédibilité étonnante. Un très joli film et une belle collaboration avec Yannick Bellon.

Même chose pour André Téchiné qui lui proposa en 1985 le rôle de l'époux de Catherine Deneuve dans *Le Lieu du crime*. Mon père avait beaucoup de respect pour cette réalisatrice, comme pour ce réalisateur, tous les deux issus d'un cinéma d'auteur de très grande qualité dans lequel Victor pouvait trouver parfois sa place.

Louisiane, sorti en 1984, fut une super coproduction franco-italo-américano-canadienne réalisée par Philippe de Broca, « Phil de Broc », comme disait affectueusement Victor. Dans la revue *Cinéma*, j'avais découvert que, à l'origine, c'est Jacques Demy qui devait réaliser ce film, d'ailleurs, dans l'entretien, Victor explique qu'il a eu plusieurs projets avec lui qui n'ont malheureusement jamais abouti. Un film d'époque à gros budget dont l'action se déroule pendant la guerre de Sécession. Margot Kidder, la fiancée de Superman, était également à l'affiche, et de Broca l'avait épousée, mais l'idylle fut de courte durée et il ne resta marié avec son héroïne que quelques mois seulement.

Quelque temps plus tard, ce fut à mon tour de travailler avec Philippe de Broca, en Bretagne, dans le golfe du Morbihan. Je restai un moment seul avec lui, en préparation, il y avait des décors et des bateaux à trouver, De Broca était un fan de navigation. Pour mon arrivée sur place, il m'avait préparé une délicieuse poêlée de pétoncles achetés sur le marché et il m'avait dit franco : « Dis donc, ton père, il est sympa, et c'est un sacré bonhomme, il ne s'en laisse pas conter, il a son caractère ! » Mais ce dont je me souviens surtout, c'est que, grâce à un ami de Philippe, j'ai pu récupérer un bébé Labrador issu d'une portée de chiens exceptionnels. Baptisé Galéo par son nouveau maître, un nom que Victor était fier d'avoir trouvé dans la légende des Chevaliers de la Table ronde, ce jeune Labrador blanc connut une vie heureuse en Creuse. Rapidement, le bougre insémina toutes les chiennes des alentours, il y avait des petits Galéo partout, Victor passait son temps à pister son chien en voiture.

*

Cette fameuse 2 CV accompagna le développement de la famille. En réalité, à Nanterre, sur le parking du Bateau, il y eut plusieurs exemplaires allant de la première 2 CV4, puis la 2 CV6, et pour finir, la 2 CV6 « Spéciale ». Peu de différence entre les modèles mais, chaque fois, des voitures plus récentes, achetées d'occasion avec moins de kilomètres au compteur. Quand il s'est mis à gagner beaucoup plus d'argent, Victor n'était pas du genre à faire le beau au volant d'un bolide allemand surpuissant. Néanmoins, avec ses premiers gros cachets au cinéma, il se paya une belle automobile, une SM, association expérimentale entre Citroën et Maserati, à la technologie ultra-avancée. Comme les DS, la SM se soulevait au démarrage, un système hydraulique garantissait confort et sécurité. En gagnant de la vitesse, le volant se durcissait pour éviter les mauvaises trajectoires. Je venais juste d'avoir mon permis et, devant son ami Jacquot, mon cher père était fier de me laisser conduire. Nous remontions tous les trois vers Paris par l'autoroute du Sud, nous revenions d'une ouverture de la pêche à la truite sur la Sorgue. La vitesse n'était sans doute pas limitée, car je me rappelle très bien avoir atteint des pointes à plus de 200 km/heure, j'étais très concentré, malgré une certaine peur au ventre... Soudain, alors que nous avions changé de conducteur plusieurs fois, un bruit terrible, et derrière la voiture, qui s'évacuait par l'échappement, un nuage de fumée aussi important que celui d'une fusée au décollage. Avec Jacquot, nous nous sommes regardés : heureusement, Victor conduisait, nous n'aurions pas aimé être soupçonnés d'avoir fait une mauvaise manœuvre, car le moteur venait littéralement d'exploser.

Dans le compartiment du train qui nous ramenait la tête basse vers Paris, il régnait une sorte de silence pesant, personne n'osait demander à qui, ni combien, Victor avait acheté cette voiture hors norme dont bien des exemplaires finirent prématurément au bord de l'autoroute du Soleil, dont les longues courbes nous avaient pourtant laissé l'impression d'avoir été dessinées spécialement pour piloter une Citroën Maserati.

16

La Creuse, autre paradis de la pêche et des champignons. Pendant la guerre, donc, Victor, que sa mère avait décrété d'appeler Robert, son deuxième prénom, y fut envoyé par la municipalité de Boulogne pour fuir les bombardements. Le petit Robert débarqua à La Chenaud, un hameau isolé composé de trois familles qui ne parlaient entre eux que le patois, situé à quatre kilomètres de la commune de La Chapelle-Taillefert. Et l'histoire des sabots dans la neige me vient immédiatement à l'esprit. Quand nous étions gamins, chaque fois que nous avions à nous plaindre de notre sort, de trop devoir marcher par exemple, immanquablement, Victor nous resservait son histoire. Ce périple qu'il avait dû effectuer quotidiennement pour aller à l'école, l'hiver, à travers champs, dans la neige, ces quatre fameux kilomètres à pied, en sabots, qui n'en finissaient pas, une torture pour un petit Boulonnais. Mais, au fil du temps, la terrible description à la Zola s'était peu à peu atténuée. Nous avions fini par apprendre que, le printemps venu, ce trajet pour aller à l'école était aussi l'occasion de belles parties de rigolades avec les enfants des hameaux voisins.

Son retour dans la Creuse s'échelonna sur plusieurs périodes. Victor avait d'abord commencé par renouer des contacts. Puis, après quelques séjours en fonction des tournées théâtrales qui l'avaient régulièrement conduit à Guéret ou à Montluçon, il se mit en tête d'acheter une grange et d'en faire une maison d'habitation, juste à l'entrée de ce hameau dans lequel il avait grandi. Les travaux durèrent plus d'un an, Victor les suivait de près, il voulait tout rebâtir en gardant l'esprit, avec des pierres taillées par une équipe de maçons creusois au savoir ancestral, les descendants de ceux qui s'étaient exilés au XIXe siècle, pour venir rénover le Paris du baron Hausmann.

Néanmoins, un énorme bloc de granit, très répandu dans la région, posait problème. Sur un des côtés, la grange avait été construite dessus, et hors de question d'essayer de le retirer. Mais quand la solution fut trouvée, Victor était fier de montrer sa cheminée édifiée sous le bloc de granit, et quand il faisait découvrir sa maison à ses amis, il se réjouissait de les voir s'extasier devant cette pierre monumentale devenue presque sacrée qui trônait au fond du salon.

*

Dès son installation, Victor s'impliqua dans la vie associative et créa « La fête de La Chenaud ». Chaque

Victor adolescent quand il faisait partie de la bande de Marcel Sembat à Boulogne. © DR

Jeanine, mère de Victor. © DR

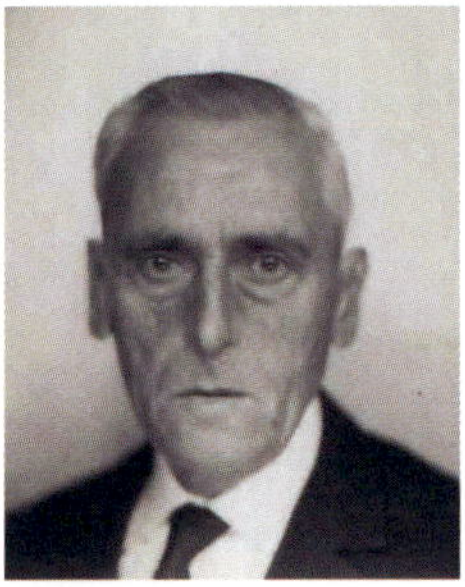

Richard Shalom Nataf, père de Victor. © DR

Andrée, sœur de Victor. © DR

Germaine Longuemare, dite : « Mémé Bonbon », grand-mère de Victor sur laquelle il transféra toute son affection. © DR

Mariage de mes parents,
le 8 novembre 1958. © DR

Avec Victor, début des années 1960, au Jardin d'Acclimatation.
© DR

Sur le tournage du *Chevalier Bayard* pour la télévision, 1964, avec Victor. © DR

Premier portrait
pour être acteur. © DR

La Vieille Dame indigne,
de René Allio, 1965. © DR

Baptême d'Emmanuelle, ma sœur cadette, en 1965 à l'église de Boulogne. Toute la famille est réunie : Jeanine, Fabrice (neveu), Victor, Emmanuelle dans les bras de notre mère Nicole et moi devant, Andrée (sœur de Victor), Mémé Bonbon (grand-mère de Victor). © DR

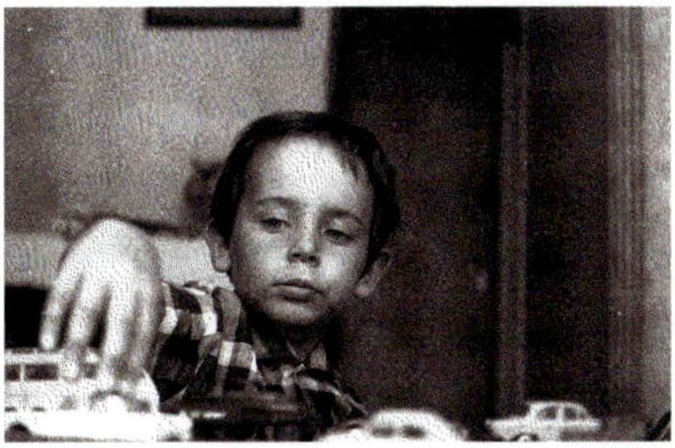

Avec mes petites voitures. Photo prise par Victor à Nanterre en 1964. © DR

Victor, vacances en Espagne. © DR

Le duo Pierre Richard et Victor Lanoux, dans les années 1960. © Collection personnelle Pierre Richard

Le Tourniquet, 1973, Victor et Jacques Rosny. © DR

L'Affaire Dominici, de Claude Bernard-Aubert, 1973. Ici avec Paul Crauchet et Jacques Richard. © Marcel Dole / Bridgeman images

Adieu poulet, de Pierre Granier-Deferre, 1975. Victor Lanoux et Lino Ventura. Photographie de plateau / Collection particulière. © Étienne George/Christophel

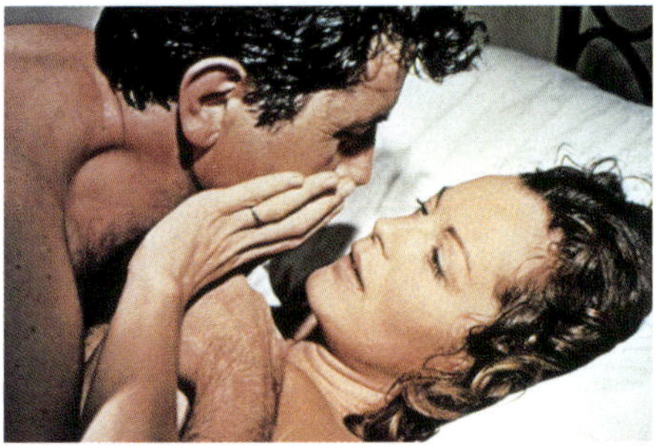

Une femme à sa fenêtre, de Pierre Granier-Deferre, avec Romy Schneider, 1976.
© Everett / Bridgeman images

Yves Robert dirige Guy Bedos, Jean Rochefort, Claude Brasseur, Victor Lanoux sur le plateau de *Nous irons tous au paradis*, le 9 novembre 1977.
© Agip / Bridgeman Images

Affiche du film *Le Passé simple* de Michel Drach, 1977.
© Bridgeman Images

Avec Victor quand j'étais régisseur sur le film *Un dimanche de flic*, de Michel Vianey, 1983. © DR

Naissance de mon premier fils Abel, août 2002. Victor portait une cravate sur son tee-shirt pour marquer l'événement. © DR

Victor et mes deux fils, Abel et Yann, à Saint-Raphaël, en 2007. © DR

Sim et Abel, en 2003. © DR

Sim et Victor, amis de toujours. © DR

Retrouvailles avec Pierre Richard, en 2005. © CineComedies

Chez Victor, à Droue-sur-Drouette, 2009. © DR

Victor entouré par la productrice de *Louis la Brocante*, Lissa Pillu (*à gauche*) et Pascale Portois, responsable des budgets des films France Télévisions. © DR

Victor et Anne Holmes, directrice de la fiction de France Télévisions. © DR

Victor et sa fille Emmanuelle, chef costumière sur *La Violette* et *La Brocante*. © DR

Avec Véronique, sa dernière épouse. © DR

Dernier tournage de *La Brocante*, photo d'équipe, 2013. © DR

année, au mois de juillet, le temps d'un week-end et sous l'impulsion de dizaines de bénévoles, les prés et l'étang autour de sa maison accueillaient l'événement. Un grand chapiteau, des buvettes et des stands de jeux champêtres, course au trésor, concours de pêche, promenade équestre, lancer d'œufs, course en sac, bœuf entier à la broche, bal populaire et spectacle. Pour parvenir à attirer le public, tout était gratuit, et, pour convaincre les artistes, Victor était aidé par Monique Le Marcis, directrice artistique à RTL, creusoise elle aussi.

La neuvième et dernière édition, la plus belle, avec baptême en montgolfière, rassembla plus de vingt mille participants, un record pour le département. Monique avait fait venir Pierre Bachelet. J'ai donc pu observer de très près les moments où le chanteur se prépare, se concentre, avant de monter sur scène, c'était émouvant de le voir ainsi, cherchant à s'isoler dans un coin plus tranquille de la maison. Victor se faisait discret mais il pouvait aussi se mettre en quatre si son invité avait besoin de quelque chose en particulier.

Pierre Bachelet est resté avec nous tout le week-end et la maison servait de refuge à d'autres célébrités toutes venues pour Victor ou pour Monique. Macha Béranger et Jean-Pierre Coffe sont d'ailleurs revenus plusieurs fois.

Quant à Sim, très apprécié par les gens de la région pour son tour de chant annuel, il n'aurait jamais raté une fête de La Chenaud, l'occasion de prendre du bon temps avec son ami Victor et de contenter ses fans creusois.

17

C'est aussi à La Chenaud qu'eut lieu notre première collaboration en écriture pour la série *Renseignements généraux*[1], diffusée sur France 2 qui s'appelait encore Antenne 2, à l'époque. Victor interprétait un flic en semi-retraite ; dans la vraie vie, il venait de passer le cap de la cinquantaine. Inspecteur aux Renseignements généraux, Roger Goupil (RG), son personnage, intervenait ponctuellement, et ses enquêtes le conduisaient dans des lieux et des milieux différents, en sachant que le choix du service des RG était un bon prétexte pour lui accorder un peu plus de liberté d'action.

À l'origine, j'intervenais comme documentaliste auprès d'un véritable enquêteur des RG qui avait obtenu de sa hiérarchie l'autorisation de nous raconter certaines de ses anecdotes que je devais

1. *Renseignements généraux*, série, 90 mn, Pathé TV & France 2, 14 épisodes entre 1989 et 1994.

rédiger sur papier. Et quand il fut impératif d'organiser une équipe de scénaristes, je fus engagé. Mais nous nous rendîmes rapidement compte que les petites histoires du véritable commissaire ne suffisaient pas et qu'il nous fallait tout construire, tout inventer. Et pour bien construire, Pathé TV nous brancha avec Jacques Robert.

À plus de soixante ans, Jacques avait une longue carrière derrière lui. Ancien reporter de guerre, journaliste, scénariste, dramaturge, plus que celles du commissaire, ses histoires étaient passionnantes à écouter. Par exemple, Jacques était parvenu à retrouver Louis-Ferdinand Céline, planqué à Berlin, à la fin de la guerre, il avait même réussi à l'interviewer moyennant finances et en restant de l'autre côté de la porte de la chambre d'hôtel que l'auteur aux abois maintenait fermée nuit et jour, et à double tour.

Débuta ainsi, chez Victor, une collaboration à trois. Nous étions tous concernés par l'idée de départ, chacun faisait des propositions. Puis, nous devions nous décider en nous livrant à une partie de ping-pong acharnée. Une idée en chassait une autre. À ce petit jeu, je parvenais à conserver mon inspiration, à m'imposer malgré ma jeunesse, et souvent, Victor était le premier accroché par mes histoires.

En général, après cinq ou six séances de travail, notre panier était bien rempli et Jacques Robert repartait chez lui, dans son manoir, en Normandie, pour rédiger une première version du séquencier.

Jacques était un formidable constructeur, nous avons beaucoup appris avec lui. Mais il était aussi un insupportable pinailleur, attaché au moindre détail de la réalité, ce qui provoquait parfois une bonne engueulade avec Victor qui avait une vue d'ensemble plus originale et plus artistique.

18

Victor m'a fait confiance en m'embarquant pour ce premier travail de scénariste. Une confiance que j'ai d'emblée placée au-dessus de tout. Par la suite, je n'ai jamais démérité, je ne l'ai jamais déçu, aujourd'hui, j'en suis persuadé.

Quelques années auparavant, il avait lu mes poèmes de postadolescent très inspirés et les petites nouvelles que j'avais écrites quand il m'avait fallu me refaire une santé et séjourner en clinique. Isolé dans ma chambre toute la journée, j'écrivais encore au stylo, et parfois huit heures d'affilée, comme un forcené, des histoires à la Boris Vian ou à la Henri Michaux. Pourtant, c'est la lecture d'un poème de René Char qui a tout déclenché.

J'avais donc rencontré René avec Victor lorsque j'étais enfant, et quand je fus en âge d'aborder son œuvre, je découvris un poème intitulé « Le bon sauteur » qui parlait de son chien disparu, et tout à coup, tout me parut plus évident, c'était si proche de ce que j'avais connu.

Avec René, j'avais également connu Anne Reinbold, sa compagne, une charmante et discrète étudiante en lettres. Elle était arrivée un jour aux Busclats et n'en était jamais repartie.

Plus tard, Anne se spécialisa et devint chercheuse au CNRS, elle travaillait essentiellement sur les œuvres du peintre Georges de La Tour, une étude d'une grande richesse et sans doute une belle complicité partagée avec René.

Je me souviens de la pièce dans laquelle il écrivait, occupée principalement par un grand bureau en bois foncé avec un désordre inextricable de livres et de papiers, qu'il disait maîtriser. J'avais également eu accès à la pièce principale de vie ; les Busclats étaient une petite maison modeste, mais aux murs blancs étaient accrochées des œuvres de tous ses amis grands peintres du XXe siècle : Picasso, Braque, Miró, Wifredo Lam, Giacometti.

Pour en revenir au chien du poète, Anne m'a raconté que c'est elle qui avait trouvé la portée au destin funeste. La chienne des voisins agriculteurs était venue mettre bas dans le jardin. Afin de préserver la mère, le fermier lui proposa de garder un chiot et, en l'absence de René, Anne l'avait choisi et baptisé Tigron.

Mis devant le fait accompli, elle me précisa aussi qu'à son retour, Char avait poussé une grosse colère mais qu'il avait fini par adopter son nouveau locataire. Haut sur pattes, un pelage tacheté de loup africain, Tigron avait cette particularité de vous regarder avec son œil vairon. À son tour, Victor l'avait baptisé : « Tigron le Lycaon », un surnom approuvé par l'illustre maître.

Je pus donc mieux comprendre ce que René Char avait voulu évoquer, la disparition de son cher et fidèle compagnon. Cette révélation me donna l'envie d'écrire, et dès que je me mis à publier mes premiers recueils de poésie à compte d'auteur, je les lui envoyai et, chaque fois, il me répondit, me complimenta et m'encouragea à persévérer. J'ai même eu la chance qu'il me reçoive à nouveau aux Busclats alors qu'il fallait montrer patte blanche pour être accepté. J'étais accompagné de mon amoureuse de l'époque, et les retrouvailles furent très chaleureuses.

*

À propos de grosse colère chez René, mon ami Michel Melani me raconta une sacrée anecdote. J'avais connu Michel dès mon premier séjour à L'Isle-sur-la-Sorgue. Apprenti menuisier chez M. Renard, Michel était un peu plus âgé que moi ; je l'adorais et le considérais comme mon grand frère, moi qui n'avais eu que des sœurs. Avec Victor, il nous emmenait en Nègo Chin, ce bateau traditionnel à fond plat, mené par l'arrière et debout, avec une longue perche pour naviguer sur les hauts-fonds de la rivière. Mais Michel avait surtout un don pour raconter les histoires, *avé* son accent prononcé ; enfant, j'étais fasciné et riais sans cesse à gorge déployée.

Un jour, donc, Michel eut pour mission d'aller livrer un lit aux Busclats, un lit aux dimensions immenses que René avait commandé, de longue date, à son patron. Mais arrivé sur place, gros problème pour accéder à la chambre, car le lit ne passait pas dans l'escalier trop étroit. Devant René, le patron ne voulait pas perdre la face, il s'énervait, ordonnait à son apprenti de pousser, encore et encore, et arriva ce qui devait arriver, en poussant, le coin du lit fit une grosse balafre dans le mur blanc immaculé. Devant une telle obstination, René dut donner de la voix pour stopper toute opération, il était évident que le lit était trop grand, qu'il fallait repartir et revenir après l'avoir démonté. Avec son physique de géant et sa voix de stentor, chef des armées, René était très impressionnant, et quand Michel raconte l'histoire à sa manière, avec force détails, il parle de la rage du grizzli qui aurait pu traumatiser plus d'un jeune apprenti.

*

Longtemps, je n'ai pas su pourquoi René et Victor avaient cessé de se voir[1]. Le poète ne roulait pas sur l'or mais il avait insisté pour aider mon père dans les moments difficiles, au début de sa carrière d'acteur qui ne décollait pas, avec une famille à charge, et

1. J'avais lu leur correspondance du temps de leur amitié, et l'affection de René pour Victor y apparaissait avec sincérité dans chaque lettre, c'était très émouvant.

pourtant, quand je repris contact avec lui, pas un mot, pas une question sur Victor.

D'après ma mère qui, dès le début, avait été reçue aux Busclats, mon père se serait vexé – René lui aurait fait des remarques sur ses infidélités. Amusant, c'était un peu l'hôpital qui se moquait de la charité, car, question fidélité, Char n'avait guère de leçon à donner. À en croire l'ouvrage paru à titre posthume sur sa liaison avec Tina Jolas, traductrice, ethnologue et collaboratrice de Claude Lévi-Strauss, mais également en connaissant le quotidien d'Anne Reinbold, j'avais vite compris que René avait longtemps vécu avec deux femmes à la fois, il aurait même sacrément jonglé avec la patience de celles qui l'ont tant aimé. Mon amie Anne fut priée de quitter les Busclats, après vingt ans de vie semi-conjugale truffée d'acrobaties et de mensonges pour retrouver discrètement Tina. De ce point de vue, René et Victor s'étaient bien trouvés : en matière de navigation à vue et de double vie, leur bastingage était fait exactement du même bois. Quand Char est décédé, je fus chargé de représenter Victor aux obsèques, à L'Isle-sur-la-Sorgue. Et c'est, d'ailleurs, lors de la cérémonie que tout le monde découvrit l'existence d'une autre femme : Marie-Claude Char, que René avait épousée sur le tard et dans le plus grand secret, alors qu'elle travaillait pour Gallimard, son éditeur.

*

Dans le TGV qui me ramenait à Paris, une rencontre cocasse : je me suis retrouvé assis à côté d'une ex-maîtresse de Victor. J'avais tellement entendu parler de Marie-Corinne, à laquelle son amant volage avait promis épousailles sans dire que sa femme légitime attendait déjà un troisième enfant.

Ma pauvre maman avait souffert et, visiblement, Marie-Corinne également. Mais le nombre des années faisait office de prescription. Ravie de voir que j'étais devenu un jeune homme, elle m'a absolument tout raconté. Bien sûr, elle avait pardonné et s'était mariée de son côté avec le comédien Jean-Pierre Darras. Marie-Corinne, un prénom maudit qui avait hanté toute mon enfance, était en réalité une femme drôle, généreuse et pleine de vie. Elle avait connu René Char à l'époque de sa liaison avec Victor, puis elle avait entretenu cette relation et continué de venir aux Busclats avec son mari. Le couple avait acheté une maison et s'était plus ou moins installé dans la région, d'où sa présence à l'enterrement du poète.

19

Mortelle amitié, *Opération cyanure*, *Racket* ou *Les Habitudes de la victime*. La série *Renseignements généraux* était bien ancrée dans le genre polar, mais rien de gore ou de macabre, dans l'interprétation comme dans l'écriture, Victor savait déjà y ajouter sa part d'humanité pour rester au plus près d'un public familial.

Les enquêtes s'inspiraient souvent de faits réels, et l'originalité des histoires relevait plus d'un quotidien qui a mal tourné que d'affaires sordides de viols et de meurtres en série. Le héros, Roger Goupil, habitait à Garches – Victor était à l'aise avec ce décor –, mais, dans la réalité, mon père s'était rapidement mis à voyager par le jeu des coproductions. Pour des raisons d'économie, les tournages se faisaient de plus en plus à l'étranger où la petite banlieue tranquille des Hauts-de-Seine était grossièrement reconstituée. Malheureusement, nous n'en étions informés qu'au dernier moment et souvent le scénario était déjà écrit, jusqu'au jour où Victor commença à s'agacer sérieusement de cette situation.

Dans les épisodes suivants, savoir à l'avance que nos histoires pouvaient se passer en Tchéquie ou au Portugal nous a permis d'enrichir notre propos. Sur ce principe, je retrouvai mes instincts de régisseur en me portant volontaire pour une séance de repérages afin de trouver des décors dans lesquels, dès le début de la réflexion, nous pouvions imaginer aisément nos premières versions.

*

Pour aider l'équipe d'écriture à tenir son calendrier de livraison, Victor avait fait engager une nouvelle recrue, un certain Patrick Bourdichon qui avait surtout écrit des pièces comiques de café-théâtre. Par le truchement de Titou, le compagnon d'Emmanuelle, ma sœur, qui jouait le rôle de l'adjoint du commissaire, nous avons donc fait la connaissance de Bourdiche, comme l'avait rapidement surnommé Victor.

Et c'est ainsi que Patrick et moi nous nous envolâmes pour Lisbonne, sans avoir aucune idée sur la nouvelle histoire que nous allions pouvoir raconter. Un assistant mise en scène lisboète nous accueillit, il nous avait préparé toute une liste de lieux à ne pas manquer. Mais dès le premier soir, au restaurant, Bourdiche fut tenté par des fruits de mer qui furent fatals à son état de santé et réduisirent à néant ses possibilités de se déplacer. Pendant trois jours, il erra dans les couloirs de l'hôtel, en robe de chambre élimée à la Sacha Guitry, à attendre le soir que je revienne avec des photos. Bourdichon était un garçon à l'autodérision particulièrement développée, un original totalement agoraphobe avec qui je me suis, d'emblée, très bien entendu.

Nous avions en commun le fait d'avoir surmonté sans trop de dommages les séances de travail en tête à tête avec notre aîné : Jacques Robert. Nous étions un peu moqueurs, nous avions tendance à rire de tout, et, à plusieurs reprises, nous avions dû séjourner chez Jacques pour finaliser un séquencier et nous avions pu, chacun à notre tour, observer à quel point l'âge avait fait de notre hôte un sacré bonhomme, souvent « mal embouché » avec son prochain, qui vivait seul dans son manoir isolé en Normandie.

*

Si Titou jouait dans la série, mon autre sœur Stéphanie tenait aussi un rôle qui revenait régulièrement, la baby-sitter qui s'occupait du fils du héros. Mes deux sœurs ont tenté des carrières de comédienne mais elles n'ont pas persévéré et ont fini par se diriger vers d'autres métiers.

Emmanuelle avait été reçue et avait suivi l'enseignement prestigieux du conservatoire de la rue Blanche. Et pour un projet de scénario des *Renseignements généraux* en particulier, j'imaginai tout de suite qu'elle aussi pouvait parfaitement tenir un rôle important face à son père. Quand je la voyais jouer au théâtre ou à la télé, elle m'impressionnait toujours, je ne voyais pas ma sœur mais bien toute l'épaisseur du personnage qu'elle incarnait. Manue a hérité du don paternel, mais entre eux, c'était souvent très compliqué. Du signe des Gémeaux avec le même genre de caractère tous les deux, ils se sont aimés ou se sont fait la guerre avec parfois une violence inouïe.

Chez Victor, cette violence, que j'ai mis un certain temps à identifier, imputant trop facilement ce genre d'écart, justement, à son fichu caractère, a fini par s'estomper avec l'âge. Et durant les dix dernières années où je me suis tellement rapproché, j'ai pu ainsi profiter de sa plus belle et généreuse bienveillance.

20

Victor a toujours été un peu plus grand que moi, comme je l'ai déjà dit, un mètre quatre-vingt-trois sous la toise. Mais quand je devins père à mon tour et, surtout, quand il commença à multiplier les problèmes de santé et qu'il prenait la fâcheuse tendance de ne plus se redresser, sauf devant la caméra quand il entendait le réalisateur dire moteur, je me mis naturellement à l'appeler « mon Petit Papa ».

Au début, je l'ai senti surpris, mais il n'y eut aucune manifestation hostile car il voyait bien qu'il s'agissait de lui transmettre toute ma tendresse à l'état pur. Lui, m'avait affectueusement surnommé « Mon Craar ». Quand elle a commencé à s'exprimer, ma petite sœur Stéphanie ne parvenait pas à prononcer mon prénom. De Richard, elle en tira une sorte de borborygme proche de la sonorité *craar* et je fus donc rebaptisé.

*

Lorsque j'ai été Papa pour la seconde fois, je me suis aperçu que l'amour d'un père n'était en aucun cas quantifiable, cet amour ne pouvait que se multiplier plutôt que de devoir se partager. Même si Victor eut souvent des rapports houleux avec ses deux filles, et souvent, en relation de cause à effet, avec l'apparition d'une nouvelle belle-mère, lui aussi nous aimait tous les trois à parts égales. Il le stipula noir sur blanc quand il lui fallut rédiger son testament dont il s'était appliqué à m'expliquer les grandes lignes. Le dévoué Michel Rouzet, son ami notaire, nous en fit la lecture, peu de temps après sa disparition. Un moment bouleversant qui se déroula chez lui, à Boulogne où il avait acheté un dernier appartement avant de s'exiler définitivement à Royan. Nous avions l'impression qu'il était encore là, à écouter aussi et à approuver. Son texte était magnifique, pendant un moment, je me mis à l'imaginer en train de l'écrire, c'était si triste. D'ailleurs, mes sœurs se mirent à pleurer à chaudes larmes, elles n'avaient peut-être pas réalisé à quel point notre père nous aimait.

Pour moi, le choc du deuil fut différent. Depuis que je m'étais mis à écrire avec lui et depuis qu'il avait eu à subir la loterie des opérations à cœur ouvert avec leurs risques mortifères, j'avais fait en sorte de vivre en harmonie, en acceptant tous ses défauts et tous ses tourments, plus préoccupé par l'amour qu'il avait à donner et à recevoir de ses deux petits-fils et tant qu'il était encore vivant.

Aujourd'hui, Abel et Yann gardent tout un tas de jolis souvenirs avec leur Papère, lors de nos séjours à Royan, où Victor avait donc choisi de suivre Véronique, la seule « belle-grand-mère » que mes deux fils ont connue et immédiatement adoptée.

*

Grande inquiétude quand il nous fallut choisir le prénom de notre premier enfant, avec ma douce. Béatrice était au courant de la tradition chez les Nataf. Au regard des générations passées, une tradition récemment instaurée par Victor, à ma naissance.

Je porte le prénom de mon grand-père, et la logique aurait été que nous appelions notre premier fils Victor, comme mon père. Béa n'avait rien contre, elle aimait beaucoup son beau-père, elle entretenait des rapports très affectueux avec lui, et Victor le lui rendait par un respect absolu. À certains moments, il avait même pris fait et cause pour elle et contre moi. Je me souviens qu'il me disait tout le temps : « Tu travailles trop, reste à la maison, occupe-toi d'elle, pas besoin d'aller à ton bureau pour écrire, regarde, moi, j'écris partout, même sur mes genoux ! » Mais Victor écrivait à la main, c'est moi qui rédigeais tous les scénarios sur mon ordinateur, et, pour maintenir les délais, j'avais bien besoin de m'isoler dans mon studio transformé en bureau, surtout avec l'arrivée de nos enfants dans notre petit appartement.

Dans de si belles circonstances, allais-je devoir affronter le courroux paternel ? Je ne me voyais pas du tout appeler mon fils comme mon père. Nous étions trop proches, sa présence était devenue prépondérante dans ma vie personnelle et professionnelle, et ce double Victor m'aurait rendu totalement schizophrène.

Je pris donc des pincettes pour lui expliquer tout cela, je ne voulais surtout pas le blesser. Et Victor me donna immédiatement sa bénédiction, il comprenait parfaitement, c'est ainsi que quand le bel Abel arriva, toute cette histoire de prénom fut instantanément oubliée et Victor lui trouva un surnom sympa : Bébel.

Bien avant nous, Emmanuelle avait subi la même pression, mais elle s'en était tirée royalement, en mettant au monde Léonilda, puis Angèle, de sa première union avec Titou, puis plus tard Hanaë, avec Olivier, son mari. Mon père était ravi de tous ces bébés filles autour de lui ! J'ai toujours ressenti qu'il était beaucoup plus câlin avec ses filles, mais cela ne m'a jamais gêné car Victor était extrêmement pudique et je l'étais aussi.

Enfant, je n'ai aucun souvenir de câlins paternels ; par contre, à la fin de sa vie, il m'arrivait parfois de lui prendre la main quand nous parlions en tête à tête de choses plus intimes ou douloureuses pour nous deux.

21

J'ai collaboré à l'écriture de cinq épisodes de la série *Renseignements généraux*, un formidable apprentissage avec Victor et Jacques Robert, tout en continuant mes allers et retours à la régie. Ce métier me permettait de venir retrouver mon père régulièrement, en Creuse, quand je n'étais pas en tournage et que je n'étais pas encore Papa.

Comme régisseur, les films les plus ambitieux auxquels j'ai pu participer furent surtout la saga des *Visiteurs*. Chez Alain Terzian, j'avais déjà fait la connaissance du réalisateur Jean-Marie Poiré ainsi que du couple Christian Clavier et Marie-Anne Chazel dans la vie, et du couple Christian Clavier et Jean Reno à l'écran, puisque nous avions tourné en 1990 *L'Opération Corned-Beef*, réalisé par Jean-Marie Poiré.

De son côté, Victor était très ami avec son père, Alain Poiré, le célèbre producteur de la Gaumont à la filmographie sans fin, émaillée des plus grands succès du cinéma français qui auraient pu faire pâlir d'envie les nababs des studios d'Hollywood. Bien avant *Les Visiteurs*, sous la direction de Jean-Marie et pour la Gaumont, Victor avait tourné en 1980 *Retour en force*, aux côtés de Pierre Mondy et de Bernadette Lafont. Une comédie dans laquelle il jouait les gros bras au cœur tendre, un ex-taulard qui doit remettre de l'ordre dans sa vie après son évasion de prison.

Travailler avec Jean-Marie Poiré n'était pas sans surprise, il me faisait penser à une sorte de Jacques Tati jeune et déjanté, j'adorais son humour, surtout quand nous allions en repérage et que nous lui présentions les propriétaires tatillons d'une maison bourgeoise qu'il allait sans doute saccager pour les besoins du tournage. Issu d'une grande famille donc, Jean-Marie était extrêmement courtois, mais quand nous repartions, dans la voiture, nous avions le droit à un festival de vacheries, il avait le don pour saisir le ridicule des gens et des situations, et j'imagine les mimiques et l'ambiance de ses séances d'écriture avec son comparse Christian Clavier. Quand j'ai lu pour la première fois *Les Visiteurs*, avec les aventures de *Jacquouille la Fripouille*, je riais tout seul aux éclats comme jamais il ne m'était arrivé de rire en lisant un scénario. Même réaction de la part de Victor pour le second opus, à la lecture du script des *Visiteurs 2*, pour lequel Jean-Marie et Christian voulaient lui proposer le rôle du capitaine de gendarmerie.

Après plusieurs films ensembles, Marianne Chazel et Christian Clavier devinrent des amis. Ils possédaient une superbe maison à Saint-Rémy-de-Provence et j'avais organisé une descente de la Sorgue avec mon ami d'enfance Michel Melani qui avait, le premier, lancé son affaire des Kayaks Verts. Christian, Marianne et leur fille sont immédiatement tombés sous le charme du personnage, et cette fameuse descente à plusieurs bateaux dans un cadre idyllique resta un grand souvenir de rigolades ininterrompues. Nous avions vécu « Les bronzés font du kayak » quand Christian avait chaviré et s'était retrouvé saisi par l'eau à onze degrés. Été comme hiver, la température de la Sorgue ne varie pas, et c'est une horreur de se faire surprendre de la sorte quand, en plein de mois de juillet, le cagnard ambiant assomme les plus résistants.

*

Après les *Renseignements généraux*, je cherchai un sujet pour continuer à écrire avec Victor et je lui fis lire le deuxième livre de Jean-Marie Chevrier, un auteur creusois dont j'avais fait la connaissance à Guéret. Le roman s'intitulait *Une saison de pierre* et s'était inspiré de l'œuvre et de la vie de François Michaud, paysan et tailleur de pierre, qui avait métamorphosé son village de Masgot, en y éparpillant ses sculptures fantastiques d'hommes et d'animaux ressemblants à des idoles aztèques.

Le héros du livre avait tout de suite interpellé Victor, ce paysan avare de mots, habité par un rêve, celui de sculpter à même le granit. Après avoir obtenu le feu vert de l'éditeur Albin Michel, nous nous lançâmes dans l'écriture d'une adaptation pour la télévision. Notre film allait plutôt s'appeler *Dobropol,* du nom d'un autre personnage du livre, un pauvre estropié qui revient de la guerre des tranchées, et de la bataille du même nom, et qui obtient la main de la fille du héros en mariage, avant de partir définitivement à la dérive. Un rôle que Victor voulait proposer à son ami Bernie Bonvoisin.

Si *Dobropol* fut plutôt facile à écrire – il nous parlait et nous inspirait tous les deux –, ce projet présentait la difficulté majeure de devoir être tourné et produit sur plusieurs saisons, afin de profiter pleinement du récit et de toute la beauté des paysages de la Creuse. À ce sujet, Victor avait échangé avec Dominique Besnehard qui était encore agent chez Artmédia. Et Dominique avait été adorable, car j'étais allé le voir avec notre scénario sous le bras et il fit en sorte de le transmettre à Jérôme Clément, le directeur de Arte. Et si le projet n'a jamais abouti, c'est aussi parce que nous ne l'avons pas suivi, bien trop occupés par une autre aventure qui allait s'appeler *Louis la Brocante*.

Dominique aimait beaucoup la Creuse, il était très proche de Nathalie Baye qui possédait une superbe maison dans la région de Vallière-en-Vassivière. Parrain de sa fille Laura Smet, il y venait régulièrement, et je me souviens d'un chouette moment lors d'un repas chez Nathalie qui avait absolument voulu rendre la politesse à Victor, après son invitation au bord de l'étang où elle était venue avec le non moins surprenant Jean-Louis Borloo, son compagnon de l'époque.

*

Dès le début de sa notoriété, comme la plupart des acteurs propulsés dans le peloton de tête au box-office, Victor était représenté par Artmédia où Jean-Louis Livi défendait ses intérêts. Puis, mon père préféra rejoindre l'agence artistique de Georges Baume avec qui il noua une très belle amitié. Georges était un homme d'une grande culture qui connaissait tout des ficelles du métier, pour le cinéma comme pour le théâtre. Victor m'avait raconté qu'il avait beaucoup aidé Anthony Delon, dont il était le parrain, au moment où le jeune acteur entretenait des rapports difficiles avec son père, et c'est peut-être Georges, d'ailleurs, qui fut à l'origine d'une série tournée dans les années quatre-vingt-dix, *Le Cascadeur*, avec Victor en vedette et Anthony comme partenaire. Puis, quand Georges Baume s'en est allé, mon père a préféré gérer lui-même ses contrats.

Dominique Besnehard l'appelait parfois pour essayer de le convaincre d'accepter des participations au cinéma, et Victor reforma le couple d'*Au bout du bout du banc* avec Jane Birkin pour *Reines d'un jour* réalisé en 2001 par Marion Vernoux. Il y interprétait un ancien animateur de télé en attente de la visite d'une femme qui l'avait quitté vingt ans auparavant, et il portait un drôle de postiche, une sorte de demi-barbe qui le faisait barbu d'un côté et seulement moustachu de l'autre, un effet plutôt burlesque dans un joli film plein de poésie.

*

Après le succès du *Tourniquet,* Victor a écrit trois autres pièces à plusieurs années d'intervalle, une production au compte-gouttes. La seconde s'intitulait *Le Péril bleu, ou méfiez-vous des autobus,* l'histoire d'un homme qui naît à trente-trois ans, l'âge du Christ, une comédie très originale pour laquelle il a obtenu le prix de la SACD (Société des auteurs et compositeurs dramatiques). Je lui demandais parfois pourquoi il n'avait pas continué à écrire pour le théâtre. À cette question qui l'embarrassait, il répondait qu'il n'avait plus le temps, puis il me fit la confidence qu'il avait mal vécu l'insuccès de sa dernière création montée au Théâtre Hébertot en 1994. À l'inverse de ses pièces précédentes, les critiques pour *Drame au concert* n'avaient pas été très élogieuses et le public n'était pas venu. Et pourtant, la finesse de son écriture et l'originalité de son propos étaient toujours de mise.

Quand Victor a contacté Roland Giraud pour le rôle de Maurice dit Jésus, alors que lui allait interpréter celui de Georges dit Démon, Roland lui avait tout de suite demandé si le propos de sa pièce, justement, n'avait rien de blasphématoire… Roland et sa femme, la comédienne Maaike Jansen, protestants et très croyants, sont venus tous les deux séjourner à La Chenaud et, avant de passer à table, ils nous surprenaient toujours à dire le Notre-Père. Une foi sincère et forte qui a dû sans doute les aider quelques années plus tard à faire face à l'effroyable disparition de leur fille Géraldine.

22

En 1998, Victor a tourné deux téléfilms, où il a campé pour la première fois ce personnage de brocanteur ; il venait de passer le cap de la soixantaine. Au début, il n'était pas encore question d'une série, Victor n'y croyait pas trop mais, d'emblée, les bonnes audiences furent au rendez-vous.

D'après ce que m'a raconté Pierre Sisser, réalisateur et un des deux créateurs du personnage, l'idée du brocanteur lui fut soufflée par son amie, la célèbre romancière Françoise Dorin. Mais Pierre reconnaissait lui-même que la vraie bonne idée était celle d'avoir proposé le rôle à Victor. C'est Victor qui apporta toute la matière nécessaire pour faire de Louis celui qui fut tant aimé dans les familles. Encore une fois, son humanité sut séduire un public qui ne s'était jamais montré aussi fidèle. Mon père se mit à recevoir du courrier volumineux, des témoignages chaleureux et toujours plus nombreux qui lui donnèrent envie de poursuivre l'aventure pour arriver jusqu'au quarante-quatrième épisode, quinze ans plus tard.

*

Pour la série *Renseignements généraux*, la production avait tout de suite impliqué Victor dans l'écriture – le côté polar l'avait toujours intéressé, il en était déjà imprégné, à la télé, il avait joué Monsieur Loyal pour la collection Série Noire, habillé comme Humphrey Bogart, il présentait le film qui allait être diffusé.

Pour *La Brocante*, il y avait comme une méfiance. Sans doute une affaire de pouvoir que le producteur, ou la chaîne, ou les deux à la fois, ne voulaient pas partager. Sept épisodes avaient déjà été tournés et Victor commençait à tiquer sur les histoires qu'on lui proposait. Dans l'urgence, quand la date du tournage approchait à grands pas, il finissait toujours par donner son point de vue, rectifiait, ou faisait rectifier des pans entiers de l'intrigue, ce qui a dû donner des sueurs froides à plus d'un responsable. Si un scénario ne lui convenait pas, Victor n'hésitait pas à brandir la menace de refuser de le tourner.

Un jour, il me demanda si j'étais prêt à me lancer dans l'aventure à ses côtés comme pour les *Renseignements généraux*. Bien entendu, j'avais regardé les premiers épisodes et j'avais assisté, comme tout le monde, à la naissance de ce héros à part, ni flic, ni gendarme, ni juge, ni avocat, ni prof, ni médecin, juste un personnage de la vie civile, un type un peu bourru mais proche des gens et de leur quotidien.

*

Et pour ce prochain scénario, en seconde intention, en arrière-plan de l'intrigue principale, il s'agissait de camper une première histoire d'amour pour ce brocanteur divorcé qui n'avait jamais coupé les liens avec Maryvonne, son ex-femme, reine de la gaffe et collée en permanence à ses basques, interprétée par la formidable Évelyne Buyle. L'idée d'un amour impossible fut immédiatement retenue, car si Louis était tombé sous le charme d'une autre femme, en aucun cas son statut de héros ne lui aurait permis de briser un mariage, même malheureux.

Lors des épisodes suivants, les histoires sentimentales variaient en fonction de ce qui se passait dans la vraie vie pour Victor. Après sa séparation d'avec Marie-José, il resta un temps célibataire, il pouvait donc concevoir que son personnage soit troublé par le voisinage d'une jolie femme. Ce fut le cas pour plusieurs actrices dont la belle Laure Killing qui vient également de nous quitter à seulement soixante ans, quelle tristesse, ou encore Agnès Soral, qui avait été engagée pour un rôle d'inspectrice de police.

La roue avait tourné pour elle depuis 1977 et *Un moment d'égarement*, où Victor avait campé le rôle de son père, trahi par son vieux copain interprété par Jean-Pierre Marielle qui, dans son dos, noue une relation avec la jeune fille, un film de Claude Berri qui marqua les esprits. Agnès Soral avait dix-sept ans à l'époque, et quelque vingt-cinq ans plus tard, la séduction fonctionna à merveille sans choquer le public familial.

Pour ma part, je pris une jolie veste quand, un soir de fête dans les jardins de la SACD (Société des auteurs et compositeurs dramatiques), je me rapprochai de Mlle Agnès Soral pour me présenter comme l'auteur du scénario qu'elle venait de tourner avec Victor. Mais elle me regarda un peu de haut et me reprocha d'emblée de ne pas avoir fait revenir son personnage dans d'autres épisodes de la série. Saisi par cet accueil réprobateur, je tournai les talons sans tenter d'avancer une quelconque explication.

*

Et Victor trouva un titre, très important pour aller au bout de notre écriture. La plupart du temps, le titre apparaissait très en amont et, pour ce premier scénario de *La Brocante* que nous écrivions ensemble, ce fut *Louis et la belle soyeuse* : une histoire de soierie très ancienne qui disparaît d'un musée lyonnais dirigé par un conservateur loin d'être au-dessus de tout soupçon, un fourbe qui maintient son épouse sous emprise.

En tant qu'auteurs, nous étions logés à la même enseigne, les précédents scénaristes avaient été choisis et coachés par une directrice de collection engagée par la production. Bien sûr, Claire Alexandrakis était aux petits soins avec Victor. Entre nous, il la surnommait déjà : « Titinakis », mais pour un temps, Claire fut surtout mon Jacques Robert à moi. Drôle de personnage aussi, cette mère célibataire qui vivait en banlieue avec son fils ado, dans un tout petit appartement sur rue avec sous-sol aménagé, un « souplex ». Je me souviens qu'elle m'avait expliqué tous les avantages d'une petite surface et qu'elle n'aurait pas aimé vivre dans un grand appartement car il lui aurait fallu entreprendre beaucoup trop de ménage. Longtemps, chaque fois que je visitais un appart plus spacieux et que je n'étais pas totalement convaincu, je pensais à Claire et à son ménage, et je me résolvais sans remords à continuer de vivre dans mon joli mais modeste trois pièces.

Pour en revenir à l'écriture, une première réunion avec Claire Alexandrakis, le producteur de l'époque et la représentante de France 3 fut organisée dans un hôtel près de Bordeaux, où Victor était déjà en tournage. Nous en étions à l'étape du séquencier, c'est-à-dire toute l'histoire découpée en une centaine de séquences, avec tous les personnages et tous les décors prévus. Un document très utile avant d'attaquer l'étape de l'adaptation et des dialogues, et très précieux également pour chiffrer le coût du film. Victor prenait très au sérieux ce premier rendez-vous, sans doute parce qu'il tenait à me présenter en bonne et due forme.

Nous nous étions mis d'accord tous les deux sur ce que nous devions impérativement défendre du scénario et sur tout ce que nous pouvions éventuellement lâcher si jamais nos interlocuteurs financiers faisaient la grimace. Mais des grimaces, il n'y en eut aucune, et cette réunion fut expédiée comme une lettre à la poste.

23

Avec l'arrivée de Lissa Pillu, la nouvelle productrice, Victor a fini par chapeauter l'ensemble des écritures, mais il refusait de se mêler du casting même si son avis d'expert était souvent sollicité pour la distribution des rôles importants, car à la fin de nos scénarios, nous nous appliquions à rédiger un descriptif précis des nouveaux personnages, comme c'était le cas pour les RG.

En dehors de ceux qui revenaient systématiquement, interprétés par Évelyne Buyle, pour Maryvonne, Nadia Barentin, pour La Mère supérieure, Armand Chagot et Valérie Gil, pour les gendarmes, Lissa s'appliqua à convier toute une série de *guests* très intéressants. Lionnel Astier et certains de ses collègues de la série *Kaamelott* avaient déjà participé aux premiers épisodes, mais elle parvint à caster également Leny Escudero, Micheline Dax, Didier Gustin, Bernard Dhéran, Éric Métayer et, bien entendu, notre Papi Tim pour qui j'avais cousu un costume adéquat afin de faire fonctionner le duo avec Victor. Je n'avais pas beaucoup de mérite, j'étais tellement proche d'eux deux, nous avions déjà vécu ensemble l'aventure de la reprise du *Tourniquet* au Théâtre, et dès que j'en eus la possibilité, j'imaginai le nouveau personnage du comte Théodore de Montalenvert, noble ruiné, alcoolique, qui, lui aussi, revint dans plusieurs autres épisodes.

Je m'étais inspiré d'un article qui évoquait le destin chaotique d'une personne réelle, ayant déjà tout vendu des meubles, des tableaux et des objets de valeur hérités de ses ancêtres, et vivant comme un SDF dans un château délabré. J'avais imaginé une première rencontre fracassante, avec un Sim hirsute, déjà bien imbibé, qui dévale un escalier monumental aux marches incertaines, un fusil de chasse chargé à la main, pour accueillir notre héros brocanteur qui vient lui restituer un zèbre empaillé qu'il n'a pas réussi à vendre. Un côté BD qui plut beaucoup à Patrick Péchoux, directeur de la fiction chez France 3, à l'époque. Le principe était de mettre ce personnage de Théodore de Montalenvert dans des situations qui allaient entraîner Louis dans des embrouilles sans fin.

Dans l'épisode *Louis et les répondants*, Théo revient de vacances en Égypte avec des statuettes funéraires volées, mises dans sa valise par des trafiquants qui ont vu en lui une mule idéale. Et, bien entendu, ces statuettes finissent au Terrier du Renard, la boutique d'antiquités de Louis, qui risque de se retrouver accusé de recel par les gendarmes, en permanence sur son dos, un opus particulièrement axé sur la comédie.

L'épisode précédent avec Sim, intitulé *Louis et le mystère du viager*, avait déjà réuni plus de neuf millions de téléspectateurs, un record pour une série, que France 3 n'a jamais battu, ni même égalé depuis.

Simon connaissait toujours son texte au rasoir, il s'y prenait longtemps à l'avance pour l'apprendre, ne changeait pas une virgule, et je m'appliquais à lui écrire des dialogues au cordeau. Mais lors d'une scène de dîner au Terrier, où son personnage avait beaucoup trop bu, Sim s'écroula la tête dans son assiette pleine de soupe, une improvisation que Victor lui avait soufflée au moment du tournage. Entre eux deux, tout était envisageable.

*

Maryvonne était l'autre personnage indispensable pour bifurquer vers la comédie. J'avais fait la connaissance d'Évelyne Buyle sur le plateau et je me régalais en utilisant ses propres mots, ses propres expressions, ses attitudes : son personnage lui collait à la peau. Au fil des épisodes, Évelyne nous passait toujours un appel pour nous dire tout le bien qu'elle pensait du scénario, et j'y étais très sensible, car j'écrivais de plus en plus tout seul, dans mon coin, et Victor, mon premier lecteur, lui, n'avait pas le compliment facile. Mais ce qui était extraordinaire, c'est qu'il ne me disait jamais : « Ça, c'est nul ! Tu vires et tu recommences ! » Quand une situation n'était pas aboutie, ou dirigeait le récit dans une direction inappropriée, mon père me disait : « Tu ne crois pas que ça serait mieux si on faisait plutôt comme ça ? » Au lieu de me censurer bêtement, il me signalait d'autres pistes que je n'aurais jamais trouvées s'il n'avait pas su prendre le recul nécessaire. Victor était le gardien du Temple, le *showrunner* avant l'heure. De par sa présence sur le plateau, il garantissait la vraisemblance et l'unité de la série qui échappait parfois aux réalisateurs, trop préoccupés par la technique ou par le temps qui leur restait pour finir la journée.

À ce sujet, mon père me raconta qu'il avait dû intervenir : lors du dernier jour de tournage d'un des épisodes, il attendait, assis sur son fauteuil, en lisant tranquillement son journal, quand soudain, il s'aperçut que toute l'équipe avait été réquisitionnée pour accrocher de vrais abricots dans les arbres.

Ce film s'appelait *Louis et la fin des abricots*, un récit plus social qui parlait de l'exploitation des saisonniers marocains. Et comme le titre l'indiquait, à la fin du film, la saison de la récolte était terminée, mais Pierre Sisser n'avait pas du tout percuté, croyant bien faire en rajoutant systématiquement une grande quantité de fruits aux arbres, un contresens absolu arrivé à un moment de l'histoire qui n'avait pas échappé à Victor.

S'il n'avait pas le compliment facile, mon père était toujours très respectueux de mon travail, et quand il s'apercevait qu'un dialogue ne convenait pas, que les mots ne passaient pas en bouche, il m'appelait en plein tournage pour me prévenir qu'il devait changer. Il m'appelait aussi pour me demander mon avis quand il lui arrivait d'avoir une nouvelle idée qui enjolivait la scène au moment de la tourner.

À l'inverse de Sim, la méthode de Victor était justement de ne jamais apprendre son texte à l'avance et de compter sur une certaine fraîcheur issue de sa mémoire photographique. Il lisait une ou deux fois la scène, et, après les répétitions, il avait retenu ses dialogues. Mais mieux que quiconque sur le plateau, il connaissait chaque situation, ce qui s'était passé avant, ce qui allait se passer après, car, bien entendu, il avait assisté ou participé à chaque étape d'écriture du scénario.

Victor revenait parfois à ses habitudes de flic des *Renseignements généraux*, le seul travers contre lequel j'avais du mal à lutter. Ma conception était différente : pour moi, tout devait débuter ou tourner autour d'un objet, d'un meuble, d'un tableau ou d'un lieu à l'empreinte culturelle forte, nous étions les garants que tout allait graviter autour des antiquités et de la belle brocante. Je me souviens que Victor avait dû, plus d'une fois, râler pour obtenir que le Terrier du Renard soit beaucoup mieux achalandé. Dès le premier coup d'œil, le décor de la boutique de Louis devait flatter le spectateur averti et passionné. Mais Victor aimait aussi les intrigues avec des scènes d'action, cela ne le gênait pas, par exemple, que l'histoire parle d'un trafic de voitures volées, ou de brandir un flingue, ou, à l'inverse, de se retrouver menacé avec une lame sous la gorge. Mais dans mes propres épisodes, si Louis se retrouvait avec une arme à la main, c'était une superbe arme de collection, et quand il se faisait menacer, c'était par un revolver bien imité, factice et en plastique, je tenais à m'éloigner de l'aspect « vu, revu et corrigé » de toutes les autres séries policières qui envahissent les programmes télé.

*

Une fois la série installée, il fallait tourner quatre épisodes par an pour tenir les commandes de la chaîne. Et soit Victor écrivait avec d'autres auteurs, soit il supervisait les écritures d'autres scénaristes, dont Pierre Leccia qui revint collaborer plusieurs fois.

Par la suite, Pierre se fit surtout connaître avec la prestigieuse série de Canal + intitulée *Mafiosa* qui se tournait chez lui, en Corse. Beaucoup plus branché sur la « castagne » que moi, j'avais bien aimé son épisode *Louis et la ferme des Blanchard,* avec Étienne Chicot dans un rôle de paysan mal luné, face à Victor.

Je me souviens avoir assisté à une de leurs séances de travail sur le texte, en présence de Pierre Sisser, le réalisateur, dans la maison que Victor avait louée pour les vacances à Saint-Raphaël. Visiblement, Pierre Leccia avait tout compris de qui était qui et de qui faisait quoi, et, principalement sous la dictée de Victor, il prenait sagement des notes comme un élève bien appliqué avant de repartir avec tout un tas de devoirs à rédiger. Cette fois-là, j'étais bien content de ne pas être de la partie pour pouvoir profiter pleinement d'un moment de répit en famille, avec mon père, ma femme et mes petits.

24

Ah, l'orgueil de mon Petit Papa ! Et quelques souvenirs épiques qui me font remonter très loin en arrière, l'anniversaire de mes vingt ans. Victor nous avait invités, ma mère et moi, à la brasserie La Lorraine, place des Ternes. Le genre d'endroit huppé dans lequel je n'avais pas l'habitude d'aller.

Mes parents s'étaient séparés depuis un moment déjà, et l'ambiance était plutôt bizarre, je sentais Victor agacé, j'avais l'impression qu'il avait organisé ce dîner par obligation. Il commençait à être célèbre et il se mit à exploser, l'orgueil piqué à vif, quand le serveur osa lui demander sa carte d'identité au moment de payer l'addition. Il le regarda de la tête aux pieds, lui mit ses deux gros pouces sous le nez et lui demanda s'il ne voulait pas aussi son passeport et ses empreintes ! Le pauvre serveur tourna les talons et le maître d'hôtel vint s'excuser au nom de la direction, tandis que ma mère et moi étions dans nos petits souliers – le dîner d'anniversaire était gâché.

*

Mais Victor se rattrapa avec panache, quelques années plus tard, pour mes vingt-cinq ans, chez Lucas Carton, place de la Madeleine, un restaurant gastronomique réputé où il était beaucoup plus détendu en compagnie de Marie-José, avec, par hasard, à la table d'à côté, Jean Poiret et son épouse, Caroline Cellier, avec qui j'allais bientôt travailler sur le tournage de *L'Année des méduses* à Saint-Tropez.

Comme voisin de table, Jean Poiret fut un hôte discret qui s'était manifesté amicalement auprès de Marie-José et Victor, avec quelques bons mots dont lui seul avait le secret. Sur les tournages de cinéma, j'ai toujours aimé côtoyer les actrices et les acteurs, ce qui n'était pas forcément le cas de certains de mes collègues régisseurs qui s'en méfiaient et craignaient les caprices de star. Comme Jean Poiret, de nombreux grands comédiens m'ont littéralement bluffé par leur prestance et leur sens de la repartie. Jean Carmet, Michel Serrault, Jean-Claude Brialy, Michel Auclair, Hubert Deschamps, Jacques François pour les plus anciens, Josiane Balasko, Jean-Pierre Bacri, Édouard Baer, Christian Clavier pour les plus récents et, bien entendu, Jean-Pierre Marielle que je retrouvai sur deux films différents. Quel gigantesque bonhomme plié en quatre au volant de sa Fiat 500 ! Distant ou chaleureux en fonction des circonstances, mais toujours avec la même bienveillance quand il s'agissait de se rapprocher pour parler travail.

*

À Saint-Tropez, en 1984, *L'Année des méduses* resta un beau souvenir pour toute l'équipe autour de Christopher Frank, le réalisateur, avec qui nous venions déjà de tourner un autre film, *Femmes de personne*, toujours produit par Alain Terzian.

Un jour, la mise au point de la feuille de service pour le lendemain avait traîné tard dans la soirée, et je devais aller en porter un exemplaire à Caroline Cellier, dans la villa qu'ils avaient loué avec son mari. Mais en sonnant au portail, aucune réponse, je fis donc le tour de la maison et tentai ma chance en allant frapper à la baie vitrée située à l'arrière, côté jardin. Seul dans le salon, Jean Poiret semblait perdu dans ses pensées, et quand je me décidai à frapper plus fort, je le vis sursauter comme un cabri d'opérette ; je me retins de ne pas rire aux éclats et fus extrêmement gêné de lui avoir causé une telle frayeur. Toujours grand seigneur, Jean Poiret ne m'en tint pas rigueur et il se chargea de récupérer la feuille de service pour la transmette à sa femme.

*

Souvent, quand nous déjeunions ou dînions au restaurant avec notre père, nous n'étions pas très à l'aise, mes sœurs et moi, de devoir supporter ses humeurs vis-à-vis des serveurs. Victor venait pourtant d'un milieu très modeste : adolescent, il avait connu des moments difficiles quand il s'était retrouvé à vivre seul avec son père qui partait au champ de courses, en lui laissant un franc seulement pour les repas de sa journée. Mais si le service était trop long, si son whisky n'arrivait pas avec de la glace et la petite bouteille de Perrier à part, comme il avait commandé, le serveur allait passer un très mauvais moment. Pourtant, Victor était un modèle de générosité, même au serveur qu'il avait rudoyé, il laissait toujours un pourboire royal sur la table, avant de quitter le restaurant.

*

À propos de gêne au restaurant, Pierre Richard m'a raconté une anecdote. Il avait rendez-vous avec Victor chez Lipp, boulevard Saint-Germain, et, en l'attendant, Pierre avait commandé et commencé à manger la fameuse spécialité, la choucroute maison. Ils jouaient encore leurs sketches au cabaret et devaient se voir pour parler organisation. Et quand Victor arriva, lui ne commanda qu'une bière, il n'avait sans doute pas faim. Mais le serveur ne voulut rien savoir, s'il s'était assis, lui aussi devait commander un plat et manger.

Devant l'absurdité de la situation, Victor rumina, contenant sa rage et il finit par commander pas une, mais deux choucroutes. Surpris, le serveur lui expliqua qu'il pouvait n'en commander qu'une seule à la fois, mais mon père insista, le serveur zélé avait bien entendu, il voulait deux choucroutes, et plus vite que ça ! Et il continuait de ruminer, Pierre s'en était aperçu, et quand les deux choucroutes arrivèrent, Victor se leva calmement et, avec ses grosses mains, il prit les deux plats bien garnis et les fit claquer comme de vulgaires cymbales, de manière à ce que toute la choucroute arrive sur les pieds du serveur médusé. Puis, il quitta le restaurant en laissant Pierre se débrouiller avec la suite des événements. L'histoire ne dit pas qui dut payer les dégâts, Pierre ne s'en souvient pas, mais ce que je sais, par contre, c'est que mon père ne remit jamais les pieds chez Lipp, où le fameux M. Cazes, célèbre propriétaire de l'époque, avait dû mettre son nom en grosses lettres rouges sur la liste des *personæ non gratæ*.

25

Pour fêter dignement le succès des vingt premiers épisodes de *La Brocante*, un restaurant fut réservé pour l'occasion. L'endroit était situé dans l'enceinte du Jardin d'Acclimatation, il faisait beau, une belle soirée d'été, et tous les acteurs qui avaient déjà participé à la série et tous les amis scénaristes, réalisateurs et techniciens furent invités, déjà une très grande famille.

Victor était aux anges, il était entouré d'amour, et la productrice, Lissa Pillu, avait fait venir le fameux Tub depuis Lyon, mais elle avait aussi convié un club de collectionneurs, avec leurs mêmes camions d'époque, tous bien alignés à côté de celui du brocanteur : en arrivant au restaurant, tous les invités étaient impressionnés. Abel et Yann cherchaient à reconnaître les têtes connues qu'ils avaient déjà vues dans différents épisodes, aux côtés de leur Papère. C'est Victor qui s'était fait baptiser ainsi par ses deux premières petites-filles, un mélange de Papa et de Grand-Père, plus élégant que Papi ou Pépé.

Le lendemain de la fête, je lui racontai notre retour tardif à la maison, et cette anecdote le fit beaucoup rire. Mes deux petits gars avaient veillé bien plus que d'accoutumée, nous devions rejoindre leur maman qui n'avait pas pu venir, et, pour gagner du temps, je coupai par le Bois, sans réaliser que le trajet allait passer par l'avenue fréquentée par une foule de travestis brésiliens à fortes poitrines. Je conduisais sans rien dire, en surveillant, à l'arrière, mes deux passagers, dans le rétroviseur. Quand soudain, Abel découvrit le spectacle surréaliste qui se passait dehors. Abasourdi, il réveilla son petit frère pour le prendre à témoin, en criant : « Papa, c'est quoi ! ? Elles font quoi les dames !? » J'accélérai, nous étions pratiquement arrivés à la fin du parc d'attractions. Mais je n'échappai pas aux explications à donner sur la triste réalité de la prostitution, sans préciser bien sûr que les dames du bois de Boulogne étaient beaucoup plus souvent des messieurs qui devaient bien se raser.

*

Avec Lissa Pillu, peu de tergiversations sur les thèmes abordés et sur les textes terminés, notre nouvelle productrice avait rapidement compris que la gageure consistait surtout à satisfaire Victor qui était le premier intéressé par les nouvelles histoires que nous allions raconter. Et une belle complicité s'installa spontanément entre elle et mon père. Lissa m'a souvent décrit toute l'importance qu'elle accordait à sa rencontre avec Victor, dans sa vie.

Au téléphone, lors des tournages à Lyon, ou ailleurs, ils s'appelaient pratiquement tous les jours, il la surnommait « La Niña », et elle lui répondait « El Hombre ». À chaque film, Lissa me conviait à la fête de fin de tournage avec l'équipe, et je retrouvais souvent son amie Pascale Portois, responsable des finances chez France TV. Comme Lissa, Pascale adorait Victor, une connivence s'était installée entre eux, dès le début de la série. Pascale est une vraie rousse et Victor l'avait affectueusement surnommée : la rouquine.

Je me souviens d'une fois où mon père, bien entouré par Lissa et Pascale, avait passé la soirée au whisky – allez savoir pourquoi, il savait pourtant apprécier les bons vins. Si je l'avais déjà vu boire, je ne l'avais jamais vu soûl, il stoppait toujours à temps, mais ce soir-là, l'ambiance et la joie l'emportaient et Victor m'a avoué qu'il n'avait pas vu la cuite venir. Arrivés devant l'hôtel avec Éric, son chauffeur, nous nous aperçûmes qu'il valait mieux rester près de lui, et c'est ainsi que, pour la première fois de ma vie, j'allais devoir peut-être accompagner mon Petit Papa jusqu'à son lit. Je sentais bien qu'il était gêné de se montrer château branlant. Dans l'ascenseur, il me tapota la main en me répétant : « Merci, mon Crââr, je crois que j'ai un peu abusé sur le scotch, mais t'inquiète, ça va aller ! » Et il m'embrassa sur le pas de la porte de sa chambre. Hors de question que je l'assiste plus loin, comme une nounou. Hors de question de ne pas rester digne.

*

Une autre rencontre : Éric Lebrun, son chauffeur-régisseur adjoint. Éric habitait à Lyon, mais il suivait Victor s'il fallait aussi aller à Marseille, Bordeaux, Lille, ou Bruxelles. La coproduction avec la RTBF, la télévision belge, nous permettait de faire voyager notre brocanteur, et j'étais toujours à l'affût de pouvoir exporter mes histoires. Éric était d'une dévotion totale, et, après plus de trente films au service de Victor, ils continuaient à se vouvoyer par respect mutuel. Quand mon père eut à surmonter une période difficile, un divorce suivi par un déménagement important pour quitter la demeure quasi seigneuriale qu'il avait investie seulement quelques mois auparavant avec cette épouse éphémère, Éric retroussa les manches pour l'aider à s'organiser. Je fis de même, à Boulogne, pour l'aider à trouver un appartement en location, afin de laisser passer la tempête.

Sa relation avec Éric Lebrun me rappela une autre relation d'amitié et de dévotion que Victor avait entretenue, bien des années auparavant, à l'époque des Films de la Drouette. Dès qu'il commença à être connu, et qu'il en eut les moyens, Victor avait besoin de quelqu'un près de lui pour l'assister dans son travail, mais aussi au quotidien.

Grâce à Mario Fransceschi, le décorateur de toutes ses pièces de théâtre, il avait fait la connaissance d'un certain Christian Varini. Victor employa Christian pour bien des tâches, assistant au théâtre, chauffeur au cinéma, rénovation de sa première maison à Droue. Christian savait absolument tout faire, il finit même par me donner des cours de maths. Son histoire personnelle était belle, il était prof dans un lycée, dans le Sud-Ouest, d'où il était originaire, et il était passionné de théâtre, lui aussi voulait devenir comédien. Un jour, une troupe donna plusieurs représentations près de chez lui, et il rencontra Mario, le décorateur, qui l'embarqua dans ses valises pour l'installer à Paris. Par la suite, Victor l'aida financièrement, et Christian misa tout son argent sur l'achat collectif d'une petite salle de spectacles, qui devint rapidement le célèbre Point-Virgule, où toute une génération d'acteurs, adeptes du one-man show, a débuté. Christian Varini en fut longtemps le directeur, mais malheureusement, il décéda prématurément du sida. Victor et moi en furent très affectés.

*

Bien avant Éric, Victor avait engagé un ancien taulard comme chauffeur personnel. De ses années passées derrière les barreaux, Georges n'en parlait guère, et s'il devait les évoquer, pour amuser la galerie, le colosse au physique de dur à cuire préférait parler de ses années passées à se la couler douce, au Club Med. Sa façon à lui de botter en touche, son séjour en prison, il n'en était pas fier.

Lors du tournage d'*Une sale affaire* (1981) organisé dans le véritable commissariat du Havre, Victor était parvenu, avec la complicité de l'accessoiriste, à subtiliser la fiche anthropométrique de son chauffeur, Georges Maurère dit « Jo le fou » dans un casier métallique qui servait au décor, avec sa photo qui datait des années soixante. Il avait passé cinq longues années enfermé pour trafic de stupéfiants. Malgré les interrogatoires musclés à répétition, Georges était tombé sans donner un seul nom de la liste de ses célèbres clients, tous issus du gratin de l'époque, et quelques rares copains, encore en activité dans le milieu du cinéma, lui en étaient restés éternellement reconnaissants.

La consigne circulait : si on pouvait proposer du travail à Georges, il fallait le faire en connaissance de cause, mais surtout pas pour ses talents de conducteur, et Victor l'avait vite compris. Quand la route était un peu longue, ou compliquée, pour rejoindre le lieu du tournage, c'est lui qui prenait le volant, laissant Jo le fou regarder le paysage, sans broncher.

26

Louis chez les Flamands, *Louis et les anguilles bleues*, *Louis et le Palais idéal*, *Louis et les bruits de couloir*, etc., mis bout à bout, ils ont un air de titres à la Tintin. Avec Victor, nous n'avions plus à nous expliquer car, pour un temps, j'étais devenu le père de *Louis la Brocante*, et lui n'a jamais désarmé, il a toujours tout donné malgré ses nombreux problèmes de santé.

Après plus de quarante épisodes, en tant qu'acteur, il parvenait encore à me surprendre, une émotion, un mot, un geste que je n'avais pas imaginés. L'étape la plus compliquée consistait à trouver une bonne histoire pour démarrer, sans me répéter, car j'ai enchaîné dix-sept films de suite, plus de dix ans sans baisser la garde non plus de mon côté. Comme on dit dans le métier, j'étais entré en religion pour alimenter la série. J'achetais régulièrement les revues spécialisées, *Aladin* ou *Antiquités, Brocante*, et il m'arrivait de relever une simple anecdote de chineur décrite dans un article, ou la description, photos à l'appui, d'un objet hors du commun. Mais ce sont les lieux qui m'ont le plus inspiré. Les canaux et les musées de Bruges, Les Sablons à Bruxelles, célèbre quartier dédié aux Antiquaires, ou encore le Palais idéal du Facteur Cheval, une petite merveille d'architecture artisanale située dans la Drôme, pas si loin de Lyon.

*

À Bruges, pour anticiper mes repérages, j'avais pris rendez-vous avec une jeune femme qui travaillait à l'office du tourisme et qui s'occupait des projets de tournage. Bieke Janssens était une véritable Brugeoise, elle était entrée par la grande porte du cinéma en se faisant engager comme assistante personnelle de l'acteur britannique Ralph Fiennes, lors du tournage de *Bons baisers de Bruges*. Un polar humoristique totalement décalé avec Colin Farrell en covedette, dont les prises de vues avaient eu lieu peu de temps auparavant.

En plus des musées, je voulais visiter des endroits peu fréquentés par les touristes, et quand Bieke me fit ouvrir les portes de l'ancienne école de dentelle des sœurs Apostoline – aujourd'hui Centre de la dentelle –, j'eus comme une révélation. Dans des locaux désuets, bien cachés du grand public, une jolie brochette de mamies, à la mine réjouie, s'appliquait à leurs travaux d'aiguilles, et quand elles nous virent entrer, mon guide me présenta et je fus chaleureusement accueilli par des « Bienvenue » en flamand.

J'imaginai tout de suite la présence de Maryvonne parmi ce casting plus vrai que nature, j'avais enfin mon idée, comme à son habitude, elle allait s'imposer en prétextant un stage de dentelle, quant à Louis, il participerait à un concours de copistes organisé par un grand musée. La copie de peinture ancienne était son hobby, nous l'avions déjà évoqué dans un précédent scénario, et Victor aimait l'idée de tirer ce fil qui avait été trop peu exploité.

*

Pour *Louis chez les Flamands,* avec mes repérages et mes dossiers bien documentés, je livrai un scénario clefs en main à Véronique Langlois qui allait le réaliser. Véro avait connu Victor très tôt au début de la série, car elle était la scripte attitrée de Pierre Sisser. Et, de fil en aiguille, comme une jolie dentelle de Bruges, mon Petit Papa avait fini par convoler une nouvelle fois.

Un troisième mariage dans l'intimité, auquel les enfants et les petits-enfants ne furent pas conviés. Pour un temps, je fus quelque peu vexé. Victor retardait sans cesse l'échéance pour en parler, il pouvait parfois faire preuve d'une grande lâcheté pour toutes les questions qui touchaient à notre sensibilité, mais il finit par s'expliquer. Visiblement, une nouvelle brouille avait récemment eu lieu avec ses filles, il lui paraissait donc inapproprié de nous réunir lors de ce genre de cérémonie, et si, moi, j'avais été invité, mes sœurs allaient devoir subir un affront supplémentaire qu'elles n'auraient sans doute jamais pardonné à leur père.

Comme dans beaucoup de familles, un imbroglio de culpabilités affectives dont les parents sont souvent les premiers responsables, mais la vexation fut de courte durée – d'autres événements heureux me firent tourner la page. Par la suite, je m'amusais néanmoins à marquer le coup, en refusant systématiquement de consulter l'album de photos de ce mariage, célébré en catimini à la mairie de Droue-sur-Drouette.

*

Victor venait de passer le cap des soixante-dix ans, et même s'il avait déjà annoncé plusieurs fois qu'il comptait arrêter la série, notamment suite à une première alerte, un premier malaise qu'il l'avait conduit à l'hôpital Édouard-Herriot, à Lyon, il n'avait pas pu réellement s'y résoudre devant les attentes de son public qui continuait de lui manifester le plus grand attachement.

Mon père était le premier à dire qu'il n'avait plus l'âge du personnage, et tous les arguments, dont celui que le brocanteur pouvait vieillir aussi, ne tenaient pas la route : pour lui, il n'en était pas question. Il se voulait et se voyait encore jeune et dynamique pour interpréter ce rôle, très souvent en mouvement. Il commença d'ailleurs à poser d'autres jalons, en interprétant, en parallèle, le nouveau personnage du commissaire Laviolette, pour France 3, également. Un commissaire à la retraite, beaucoup plus porté sur l'introspection, et c'est vrai que Victor était très beau dans son nouveau costume avec nœud papillon et chapeau à large bord – l'action se déroulait dans les années soixante. Pour ma sœur Emmanuelle, j'imagine le plaisir qu'elle éprouva, après autant de *Brocante* où elle avait dû habiller son papa toujours un peu de la même manière. Car Manue a fait bien plus fort que moi en collaborant à tous les tournages, en tant que chef costumière : quarante-quatre films sans discontinuer.

*

Les deux premiers épisodes des *Enquêtes du commissaire Laviolette* intitulés *Les Courriers de la mort* furent tournés en même temps, et le résultat fut extrêmement convaincant. Beaucoup de poésie dans cette première adaptation servie par une belle mise en scène de Philomène Esposito qui sut tirer la substantifique moelle et les ambiances des romans de Pierre Magnan, ancien secrétaire de Jean Giono. Dans le meilleur sens du terme, des romans presque régionaux qui se déroulaient tous en Haute-Provence.

Mais c'est bien sur un tournage de *Louis la Brocante* que Victor subit une nouvelle attaque. Un nouvel AVC qui le laissa pour un court instant inconscient. Mon Petit Papa savait déjà qu'il était en sursis, mais très peu de gens étaient au courant. Lors des examens habituels exigés par les assurances, son pneumologue lui avait découvert, un peu par hasard, un énorme anévrisme à l'aorte, une grosseur comme une hernie qui pouvait céder n'importe quand : l'horreur de devoir vivre avec une telle bombe à retardement. Il fallait opérer rapidement, mais Victor n'avait pas eu d'autre choix que de reporter l'opération. À deux jours de partir pour Lyon, difficile de faire autrement, tout le monde l'attendait, tout le monde était déjà sur le pont afin d'attaquer ce trente-sixième épisode.

Suite à ce malaise, le tournage fut interrompu. Connaissant désormais l'existence de ce couperet au-dessus de sa tête, cet anévrisme qui s'était peut-être formé depuis un moment déjà, l'affaire était sérieuse, et je me souviens que le hasard m'avait fait venir sur le plateau ce jour-là. Mais quand j'étais arrivé, Victor venait d'être envoyé à nouveau en urgence à l'hôpital Édouard-Herriot ; nous étions tous très inquiets. Sim aussi était là puisqu'il interprétait deux personnages, le sien et celui de sa cousine Constance, dans ce film intitulé *Louis voit double*, un titre malencontreusement prémonitoire.

Après de nouveaux examens qui confirmaient qu'un caillot minuscule s'était sans doute échappé de l'anévrisme et avait transité vers le cerveau, le choix parut évident, la suite du tournage attendrait et Victor devrait rentrer chez lui et prendre son mal en patience, avant d'affronter son destin entre les murs aseptisés du bloc opératoire de l'hôpital Georges-Pompidou.

27

La veille de l'opération, je suis passé le voir et je le trouvai plutôt serein, avec Véro à ses côtés. Le risque mortifère était pourtant énorme, il avait dû signer un tas de papiers pour décharger l'hôpital de toute responsabilité, c'était épouvantable. Je l'embrassai en ne sachant pas si j'allais le revoir, mais je préférai ne pas m'attarder pour ne pas le déranger dans son cocon d'intimité. Il me fallut attendre deux jours avant de pouvoir revenir. Son cœur avait été débranché lors de l'opération, et la circulation du sang fut alimentée par une machine, sa température ramenée autour des vingt degrés. Pendant un moment, pas sûr que Victor ait encore appartenu au monde des vivants.

Nous avions été tenus informés et prévenus qu'il allait regagner sa chambre, après un long passage en réanimation et en salle de réveil. Mais quand j'arrivai, personne ! Pas même un lit, une pièce désespérément vide. Soudain, j'eus un moment de panique, avant qu'une infirmière ne me rassure en me confirmant que mon père n'allait pas tarder à descendre de l'étage supérieur. Et, en effet, je le vis arriver, entouré par une armada en blouses blanches, méconnaissable, le visage glabre vert-de-gris, allongé sur son lit comme un gisant branché à des tuyaux et des assistances en tous genres. Mon pauvre Petit Papa était complètement dans le potage, et, avant que son lit ne soit réinstallé, j'eus juste le temps de lui caresser la main au passage et de lui souffler quelques mots qui se voulaient rassurants – il était encore vivant, j'étais tellement content.

Mais la joie fut de courte durée. Une femme médecin s'affairait autour de lui, je compris qu'elle était l'assistante du célèbre chirurgien qui avait opéré, et elle semblait inquiète. Je me rapprochai en lui demandant la confirmation que tout s'était bien passé. Mais elle venait justement de découvrir que Victor ne bougeait plus ses jambes et elle disparut, la mine fermée, sans donner plus d'explications.

Puis, les événements se précipitèrent, Véronique arriva à son tour, le professeur et sa suite également, et, face à la terrible question de savoir ce qu'il s'était réellement passé, l'éminent chirurgien resta les bras ballants, il ne comprenait pas lui-même, peut-être un problème d'anesthésie, il devait vérifier, nous étions totalement décontenancés. Quant à Victor, shooté à la morphine, il n'avait pas encore compris qu'il était paraplégique et qu'il n'allait sans doute plus pouvoir ni marcher, ni même se tenir debout.

*

Lors d'un passage en service spécialisé de neurologie à Sainte-Anne, où il dut, à nouveau, subir tout un tas d'examens, radios, scanners, IRM, Victor parvint à bouger. Véro s'était aperçue qu'il pouvait plier un orteil, il y avait donc un espoir de possible rééducation. Mais la route allait être longue, et mon Petit Papa prit ses quartiers pour plusieurs mois à l'hôpital de Garches, décidément une destination devenue familière.

Dans son premier livre intitulé *Laisser flotter les rubans*, il en parlera longuement, et notamment de cette habitude prise d'emblée par les médecins, les kinés, les infirmières et tout le personnel soignant de l'appeler monsieur Nataf, mais jamais monsieur Lanoux. Plus personne ne s'était adressé à lui de cette manière depuis longtemps, il fallait remonter très loin en arrière, et Victor s'était retrouvé plongé dans une sorte d'anonymat abyssal, face à la distribution des soins médicaux.

Pourtant, le professeur de Pompidou avait bien fait la différence en lui proposant, avant d'opérer, un traitant VIP, moyennant quelques milliers d'euros sonnants et trébuchants. Le prestigieux médecin n'a pas attendu bien longtemps avant d'envoyer sa facture, sans jamais prendre plus de nouvelles – une honte un tel comportement –, et dans son livre, Victor lui réglera son compte personnellement. Même si le chirurgien aurait pu prétendre que cette pratique lui servait pour financer ses missions humanitaires en Afrique, la pilule était difficile à avaler, il y avait bien eu une faute quelque part. Mais le livre de Victor lui valut surtout les foudres de son propre cardiologue, un ami de vingt ans, qui lui avait chaudement recommandé « un des meilleurs au monde », soi-disant. Pour ce chirurgien très connu, Victor avait préféré inventer un nom d'emprunt, « Landolfi », qui lui paraissait plus romanesque. Et *Laisser flotter les rubans* se vendit à plus de cent mille exemplaires.

*

Au fil des visites, je voyais bien que Victor remontait la pente, surtout dans la tête, la flamme et la motivation revenaient petit à petit, c'était évident. Assez rapidement, nous nous sommes remis à parler « cuisine ». Cette interruption de tournage ne sonnait pas le glas de la série, et le prochain scénario mijotait déjà, paisiblement, dans ma tête. Alors, Victor se mit à me demander des nouvelles de mon récit, et il m'arriva aussi de venir le voir avec des questions préparées à l'avance. Il en avait besoin, je le sentais, penser au prochain film lui donnait de la vitalité pour affronter ses séances de kiné.

Victor, mon père

Victor souffrait de terribles douleurs neurologiques, des sensations de resserrement, d'étau dans les jambes, des douleurs qui perdurèrent très longtemps, même quand il parvint enfin à se remettre debout pour reprendre le chemin des plateaux.

28

Un peu compliqué, cependant, de finir dans de bonnes conditions le tournage de l'épisode *Louis voit double*. Victor s'aidait d'une canne, une doublure sérieuse avait été engagée pour toutes les scènes où il devait se déplacer.

L'opération lui avait fait aussi perdre définitivement l'usage d'une de ses deux cordes vocales, sa voix avait terriblement changé. Un risque qu'il avait dû assumer : le haut de l'aorte est situé dans le voisinage des cordes vocales, certains patients, qui avaient été opérés, s'étaient déjà retrouvés avec le même problème, mais eux n'avaient pas forcément besoin de leur voix pour reprendre leur activité professionnelle. Celle de Victor finit par se stabiliser, sans jamais retrouver exactement la même tessiture. La postsynchronisation fut plus conséquente que d'habitude, et le film fut terminé, et diffusé, avec un nouveau succès à la clef.

Le tsunami était passé, le pire avait été évité, mais désormais, Victor n'allait plus jamais pouvoir vivre comme avant. De nombreux inconvénients, de grosses difficultés pour se déplacer et toujours des douleurs qui lui rendaient le quotidien extrêmement difficile. Pourtant, jamais il ne s'est plaint, jamais je ne l'ai entendu s'apitoyer sur son sort, un modèle de courage et d'abnégation pour pouvoir continuer à profiter du temps qui lui restait. Comme il le dit sur la quatrième de couverture de *Laisser flotter les rubans :* « Cette aventure m'a conforté dans l'idée que si on n'est effectivement pas grand-chose, on peut aussi être beaucoup. »

*

Hier soir, mon fils Yann m'a fait remarquer que, par certaines attitudes, je lui rappelle son Papère. Une autorité qui m'échappe, un mimétisme inconscient car j'ai été vacciné contre la crainte inspirée aux enfants, l'autorité n'a jamais été une priorité dans mes rapports avec eux. Et si Yann a eu peur de son grand-père, quand il n'était encore qu'un tout petit garçon, en grandissant, il a surtout été impressionné par sa sagesse et ses réflexions, n'hésitant pas à parler de tout pour tenter de l'éclairer sur la vie et les rapports humains. Un bel aspect de Victor vieillissant qui a beaucoup marqué Yann, et j'ai été très touché quand mon fils m'a dit aussi que c'est sans doute par ce côté-là que je ressemble le plus à mon père, j'ai donc reçu cette comparaison comme un véritable compliment.

Yann est très souvent invité chez sa tante Emmanuelle. Avec sa cousine Hanaë, ils se sont toujours entendus comme larrons en foire, la cousine ayant juste un an de plus que le cousin. Cette complicité n'avait pas échappé à Victor, et il se réjouissait d'avance, quand je pouvais, à mon tour, emmener tout le monde à Royan.

Hanaë et Yann allaient régulièrement le voir jouer aux boules avec ses nouveaux amis, une bande de retraités qui avait accueilli à bras ouverts un Victor Lanoux quelque peu diminué puisqu'il ne pouvait jouer que bien assis dans son petit scooter électrique. Aujourd'hui, alors que Victor n'est plus de ce monde, Yann continue d'aller à Royan, et quand il arrive dans le quartier du Parc, il sonne le rassemblement et va jouer aux boules avec les anciens partenaires de son Papère.

*

Avant que je ne sois moi-même Papa, les célébrations de Noël étaient toujours des moments délicats. Pendant un certain temps, Victor tenait encore à fêter l'événement avec nous, ses enfants, pourtant, la vie avait depuis longtemps séparé la famille et il fallait montrer bonne figure, souvent chez Emmanuelle qui était la seule, à l'époque, à être déjà maman, avec ses deux filles Léo et Angèle.

J'avais fini par trouver un prétexte pour échapper à cette obligation, en allant aider une association qui s'occupait d'organiser la soirée pour des personnes âgées et isolées dans le quartier des Halles. Je me mettais à disposition avec ma voiture et j'allais chercher les vieilles dames et les vieux messieurs chez eux, pour les accompagner à l'ancienne Bourse du travail où était organisé un repas de réveillon pour trois cents personnes, une approche qui me convenait mieux que celle proposée par la famille Nataf.

Quand j'évoque la culpabilité trimbalée par Victor pendant de longues années, je fais allusion à ce genre d'obligation qu'il s'imposait, et qu'il nous imposait par la même occasion. Il fallait offrir, recevoir et dîner vite et bien avant qu'il ne rejoigne son vrai foyer, celui qu'il formait désormais avec Marie-José et ses enfants. Avec les années, pour mes sœurs et moi, une accumulation de frustrations autour de la question de ce maudit réveillon.

*

Victor affichait très peu d'attachement aux choses matérielles. Il a souvent changé de maison, et, pour la dernière, celle de Droue-sur-Drouette, il lui a fallu tout débarrasser avant de la quitter. Ainsi, il laissa la plupart de ses meubles et de ses objets partir chez Simone, une antiquaire qui fit une très bonne affaire. Je me souviens d'un énorme buffet années trente qu'il avait acheté aux enchères sur Internet, pour lequel il s'était trompé d'un zéro et qu'il avait donc fini par payer au prix fort, sans oser avouer son erreur au fournisseur – il était trop fier. Mais j'étais surtout furieux quand je me suis aperçu qu'il avait laissé partir sa collection de trébuchets tous emballés dans leurs jolies boîtes d'origine en velours. Je rappelai donc la fameuse Simone pour les lui racheter et les offrir à ma douce, ancienne préparatrice en pharmacie, qui allait les apprécier à leur juste valeur sentimentale, puisqu'ils avaient appartenu à Victor. Dans un épisode de *La Brocante,* quand il m'a fallu trouver une idée d'objet sur lequel Louis devait se montrer particulièrement enthousiaste, je ne pus m'empêcher de m'inspirer de sa vraie vie : Victor collectionnait les trébuchets, Louis allait donc en trouver un hors du commun par sa taille et son état parfait.

*

Les fêtes de Noël retrouvèrent toute leur signification avec l'arrivée d'Abel et Yann, et je repris le chemin des marchands de sapins tout en consacrant le temps nécessaire à la rédaction d'une belle lettre au Père Noël. La première fois, je m'étais sacrément emballé : Lego à profusion, petits trains avec locos électriques et wagons en bois. Outre le nombre de pièces hallucinant et l'encombrement que j'avais mal anticipé, la note fut salée et je mis Papère à contribution.

Victor se réjouissait toujours de me voir emmener ma petite famille au ski. En cette période de Noël, il y avait beaucoup moins de monde et des prix avantageux, car nous avions trouvé un véritable petit coin de paradis au fin fond du Valais suisse. Un sacré périple pour y arriver, en train avec changement puis en autocar ou en navette jusqu'à Arolla. Une petite station située à deux mille mètres d'altitude, un cadre enchanteur avec animation saisonnière : le 24 au soir, le Père Noël débarquait de la forêt, sa hotte remplie de cadeaux sur le dos pour les enfants du village. Quand je montrais les photos à Victor, il n'en revenait pas d'une telle aventure.

La première année, j'étais parti seul avec mes deux gars de quatre et six ans sous le bras, plus une énorme valise avec tout l'équipement. Nous étions arrivés de nuit à l'hôtel, un endroit de conte de fées, une bâtisse majestueuse et isolée en lisière des bois. Nous avions dîné rapidement, j'étais exténué par le voyage. Le lendemain, quand nous ouvrîmes les volets, nous découvrîmes stupéfaits, pratiquement à portée de main, les sapins immenses couverts de leur plus beau manteau blanc et les Alpes suisses tout entières se dressant fièrement du haut de leurs pics enneigés. Abel et Yann n'avaient jamais vu la neige et le souvenir de cette première matinée occupée avec eux à construire des bonshommes et des iglous restera gravé à jamais dans ma mémoire de papa émerveillé.

Puis vint le temps de la première leçon de ski. Réveil à 7 heures, séance d'habillage avec les tenues appropriées. Pas simple de parvenir à enfiler caleçon long, chaussettes double épaisseur, maillot, polaire, tour de cou, cagoule, casque et, pour finir, les chaussures, une torture pour les deux bonshommes qui seraient bien restés tranquillement en pyjama. Mais au moment de l'ultime fermeture de la combinaison, en arrivant au niveau du cou, Petit Yann me réserva une belle surprise. Le pauvre avait sans doute mal digéré son petit déjeuner et il m'envoya, en un jet fulgurant, un superbe vomi en pleine figure, il fallait donc se changer en urgence, tout nettoyer et reconsidérer entièrement la séance d'habillage, pour moi également.

*

Je n'avais pas chaussé les skis depuis plus de quinze ans, et malgré une météo idéale, je préférais assister aux premiers pas à ski de mes petits, pour ne rien rater. Me voyant enjoué au bord de la piste, la monitrice avait fini par m'interroger, elle avait deviné que Yann n'était pas dans son assiette, et quand je lui expliquai que nous venions d'arriver, sans leur maman qui avait eu un empêchement, elle me répondit tout de suite qu'il ne fallait pas chercher d'autre explication, mon plus jeune fils était perturbé. Mais ce premier jour fut vite oublié et le reste du séjour leur permit d'acquérir l'équivalent en

Suisse du flocon pour Yann et de la première étoile pour Abel. Bien entendu, aujourd'hui, les deux champions ne m'attendent plus et ils descendent les pistes à pleine vitesse.

29

Malgré son caractère parfois bourru, largement amplifié par sa réputation dans le métier issue de certains personnages peu avenants qu'il a pu incarner au cinéma, Victor n'a jamais eu de souci d'intégration quand il venait s'installer dans une nouvelle région.

En Creuse, il s'est toujours montré respectueux envers les paysans du coin, même si, parfois, il lui arrivait d'envoyer bouler un casse-pieds qui se montrait un peu trop familier quand il allait faire ses provisions à l'hypermarché de Guéret. Dès le début, Victor s'est fait de bons amis, comme Robert, le meilleur des gars du village de La Chenaud. Quand mon père est arrivé, Robert travaillait encore à la chaîne en usine, mais son rêve était de reprendre la ferme de ses parents décédés. Dans le hameau, cette petite exploitation avec sa grange, son étable et ses prés pouvait parfaitement être remise en service. Victor fit donc en sorte de l'aider à réaliser son projet, en achetant avec lui quelques vaches limousines afin de pouvoir revendre les veaux et lui assurer un revenu honnête et fixe.

Victor avait gardé des souvenirs précis de son enfance chez la famille Ribière : les batteuses au moment des moissons, mais aussi la préparation du cochon qu'il n'avait pas tardé à remettre au goût du jour, chez lui, dans sa grange où il avait installé un congélateur immense. La bête était achetée sur pied, à l'avance, et engraissée avec soin chez un paysan du hameau voisin. Le boucher de La Chapelle-Taillefert venait aider à l'abattage et surtout à la fabrication des rôtis, des côtes, des jambons, des saucisses et du boudin avec le sang encore chaud. Pour rien au monde mon père n'aurait renoncé à ce genre de cérémonie pour laquelle il a même accepté la présence d'une équipe de télévision locale.

*

Avec les saisons, les moissons et les vêlages qui se succédaient, Robert opéra un véritable transfert. Victor était devenu bien plus qu'un ami, il lui demandait régulièrement conseil, et leur relation se rapprocha de plus en plus de celle qu'on peut imaginer entre un père et un fils ou un neveu adoptif.

Il y avait aussi Fernand Santoire, ancien meunier du village voisin. Un grand escogriffe au regard clair et au beau visage allongé qui répondait au surnom du « Pointu ». C'est Fernand qui, bien des années auparavant, avait fait creuser le superbe étang que Victor avait racheté.

La vie reprenait, comme au temps de Pacy-sur-Eure, dans un site encore une fois idéal pour les baignades en été et pour la pêche à la ligne pratiquement toute l'année. Initialement, ce genre d'étang devait assurer un revenu supplémentaire à son propriétaire. Un revenu tiré de la pêche organisée tous les deux ou trois ans, afin de laisser le poisson se reproduire. Un astucieux système de bonde permettait de vidanger complètement et de récupérer l'ensemble du poisson : gardons, perches, tanches, carpes et brochets de belles tailles. Une pêche le plus souvent organisée à l'automne, avant les périodes de gel, mais après les grosses chaleurs néfastes au bon stockage provisoire du poisson. L'occasion également pour les gens des villages voisins de se rassembler et d'acheter du poisson vivant, soit pour leur propre consommation, soit pour peupler leurs propres étangs. Pour Victor, il s'agissait surtout de faire le tri et de favoriser la reproduction en éliminant les plus gros spécimens pour ne laisser que les plus petits, en veillant à limiter la population des brochets, prédateurs indispensables qui ne s'attaquent qu'aux poissons trop faibles ou malades, mais capables aussi de nuire à l'équilibre s'ils sont présents en trop grand nombre.

Fernand connaissait toute l'histoire de l'étang, il se souvenait de toutes les pêches qui avaient été organisées. Il venait donc pour diriger les opérations, et nous nous retrouvions une bonne vingtaine autour de Victor, tous chaussés de bottes ou de cuissardes, habillés chaudement, pour trier le poisson. Mon père en donnait une partie, et l'autre était soigneusement remise à l'eau. L'activité durait toute la journée et était entrecoupée d'apéros et de grillades au feu de bois, un vent d'excitation et de solidarité soufflait sur les esprits présents. L'étang presque vide donnait lieu à un spectacle de branches et d'arbres morts mêlés à la vase, une étendue noire ressemblant à un paysage désolé, mais grâce aux diverses sources naturelles, une fois la pêche effectuée et la bonde refermée, le niveau des eaux remontait pour retrouver son aspect initial, miroir aux belles lumières matinales, vaste lit silencieux aux brumes envoûtantes du soir.

Fernand Santoire nous avait emmenés tous les deux pour assister à la pêche d'un autre étang beaucoup plus grand, plusieurs hectares sous responsabilité communale. Les gens venaient de toute la région pour acheter du poisson. Et, sur le chemin du retour, nous nous retrouvâmes à suivre plusieurs véhicules qui avaient attelé des remorques afin d'y transporter d'énormes poubelles remplies d'eau et de poissons vivants. À chaque dos-d'âne, les récipients débordaient, et, à chaque petite bosse, des poissons s'échappaient pour finir frétillants sur la chaussée humide.

*

Quand Victor partait pour plusieurs semaines de tournage, il me confiait sa maison, mais je n'avais pas très envie de prendre mes repas tous les jours tout seul, et je m'étais arrangé avec les Santoire, ravis d'avoir un couvert de plus à leur table pour le dîner. Aimée Santoire était un sacré phénomène, c'est elle qui portait le pantalon à la maison, et quand elle me recevait chez eux, j'avais l'impression d'être redevenu un petit garçon confié par son papa. Je devais impérativement finir mon assiette, mais Aimée ne pouvait pas cuisiner une seule entrecôte ou une seule côte de veau, il fallait absolument que j'en mange au moins deux pour lui montrer que j'étais en bonne santé – d'ailleurs, lors de ces périodes de bombance, je prenais facilement quelques kilos en trop.

À cette époque, comme mon père, j'étais encore célibataire, mais, question jolies filles, les occasions se faisaient plutôt rares, le coin était tristement sinistré.

Je me souviens néanmoins d'une très jolie jeune femme au regard bleu foncé qui était apparue comme par magie. Un jour où nous étions tranquillement en train de travailler avec Victor sur un scénario, alerte dans le village : un troupeau de limousines avaient brisé leur enclos et ces bovins quasi sauvages étaient paniqués. Les vaches s'étaient échappées à travers bois pour finir leur course folle plusieurs kilomètres plus loin à La Chenaud. Il nous fallut donc prêter main-forte aux éleveurs qui tentaient désespérément de les rassembler, une véritable scène de western. Parmi les propriétaires du troupeau, tous de la même famille, il y avait la benjamine, d'une petite trentaine d'années, et elle était absolument ravissante, un port de tête incroyable, une élégance, j'étais sidéré de voir soudain tant de beauté. Malheureusement, la belle ne m'adressa pas même un regard et disparut comme elle était apparue, en suivant ses frères et leur troupeau, et plus jamais, jamais, je ne l'ai revue – pourtant, dans toutes les fermes des alentours, je l'ai souvent, souvent cherchée.

30

À ma plus grande surprise et ma plus grande déception, Victor quitta La Chenaud sur un coup de tête, pour aller s'installer près de Libourne, dans le Bordelais. Afin de satisfaire sa seconde épouse, il avait acheté le domaine de Beaufresque, une très belle demeure mais dont l'environnement n'avait pas le charme de la Creuse. Je ne pense pas que mon père ait eu le temps de s'y trouver à son aise, puisqu'il lui fallut revendre le tout pour mettre fin à ce chapitre malheureux de sa vie sentimentale.

Victor avait été très touché par l'accueil qui lui avait été réservé dans la région, lors d'une sortie sur une foire à la brocante importante. Il m'avait raconté que les gens s'étaient précipités pour parler à leur brocanteur préféré et le prendre en photo. Mon père avait dû rebrousser chemin tant les admirateurs se montraient envahissants. Visiblement, Louis la Brocante était de plus en plus apprécié. Même à l'époque des films d'Yves Robert, Victor n'avait jamais atteint une telle cote de popularité, et s'il était parfois abordé alors, personne n'osait vraiment venir lui taper dans le dos. Cette familiarité a toujours été le lot des acteurs comiques. Mon père, lui, avait plutôt tendance à inspirer de l'admiration à distance. Par contre, lors de leurs longues tournées théâtrales, si son ami Sim était importuné, il intervenait.

Simon m'a raconté qu'un soir, quelque part dans une grande ville de province, ils étaient entrés, tous les deux, dans un restaurant pour dîner, et dès le début, des blagues avaient fusé, en provenance d'une table voisine. Rapidement, Sim fut interpellé, sans aucune délicatesse, afin qu'il vienne se prêter au jeu des photos avec les copains. Victor s'est tout de suite levé pour mettre les choses au point, remettre les pendules à l'heure en attrapant l'importun par la cravate : « Si monsieur Sim n'a pas envie de bouger, il ne bougera pas, et si quelqu'un a quelque chose à lui demander, il faut le lui demander beaucoup plus poliment ! » Bien entendu, personne n'a moufeté, personne n'a insisté, puis Simon et Victor ont pu continuer à profiter de leur repas, en toute tranquillité.

*

Après le retour de Victor sur les tournages, je parvins à écrire sept épisodes de plus, sans jamais savoir lequel allait être le dernier avant que d'autres problèmes de santé ne l'obligent à arrêter définitivement de tourner.

L'équipe se montrait toujours bienveillante, une gentillesse à tous les niveaux. Au fil du temps, les acteurs et les techniciens se rapprochaient chaleureusement comme une grande famille bien soudée autour de lui.

De mon côté, je m'appliquais, encore plus qu'avant, à pondre des séquences où Louis était ménagé au maximum : plus aucune cavalcade, plus de baffes distribuées dans la tronche du méchant. Et si, parfois, des dialogues se voulaient trop explicatifs, des phrases entières étaient obligatoirement attribuées aux autres intervenants. Quand un comédien doit enchaîner un long texte, on appelle ça un « tunnel », et dans la nouvelle signalétique qui bordait la route chaotique de mon Petit Papa, j'avais imaginé de nouveaux panneaux : *forbidden* les tunnels ! Un regard vaut plus que dix mots ! De toute façon, nous nous étions aperçus depuis longtemps que cette posture était la plus adaptée pour notre héros : moins Louis en racontait, mieux il était perçu, la présence de Victor à l'écran allait s'occuper du reste.

Mais la problématique de trouver une bonne idée restait entière, et si mon père avait senti une baisse de niveau, à coup sûr il aurait mis fin à l'aventure. Nous approchions des quarante épisodes, un peu de lassitude aurait été légitime, il avait fait le tour du personnage, la motivation devait donc venir d'autre part et, fatalement, venir d'une très bonne histoire. La force de l'intrigue était devenue mon obsession, et Lissa Pillu veillait au grain. Quand elle me sentait tâtonner, sa question était toujours la même : « Alors, Richard, quelle histoire veux-tu réellement raconter ? » Et, en quelques phrases, je devais lui exposer rapidement dans quelle direction je voulais aller. Cette question insidieuse finissait toujours par m'aider à avancer et je remercie Lissa de me l'avoir posée plus d'une fois. Quant à lui, Victor me reprochait souvent d'être en mode mineur dans ma première version. Il me disait aussi : « On ne fait pas de la chronique, on doit aller droit au but dès le début ! » Et j'avais beau lui expliquer ce besoin de passer par certains chemins, en mode mineur sans doute, chaque fois, mes errements littéraires l'agaçaient fortement. Mais il suffisait d'élaguer les surplus et mon récit se remettait d'aplomb, dès la seconde version. J'écrivais pour l'image mais l'image n'apparaissait pas toujours instantanément.

C'était une chance incroyable de pouvoir enchaîner les contrats d'auteur. J'en parle encore avec d'autres scénaristes qui n'ont pas eu la même carrière que moi et qui galèrent en se faisant mener en bateau par des producteurs peu scrupuleux. La réalité de ce métier correspond beaucoup plus au fait que nous sommes sans cesse sollicités pour pondre des histoires, des pitchs ou des synopsis à réécrire dix fois, sans jamais aboutir à la signature d'un contrat sérieux, et encore moins à une rémunération pour le travail fourni qui, comme je l'ai déjà dit, est souvent le plus délicat.

31

Par le biais d'une invitation à un festival, le seul entièrement dédié aux scénaristes, j'avais fini par adhérer à un club très fermé, le Club des Auteurs, qui a opéré, depuis, une mue vertigineuse sous la forme d'un véritable syndicat représentatif. J'étais très flatté d'avoir été invité, et je découvris tout à coup que nous formions une communauté qui pouvait aisément remplir un TGV.

Le départ se fit de la gare de Lyon, dans un train réservé pour l'événement et à destination d'Aix-les-Bains, une charmante petite station thermale où j'aurais pu tout à fait imaginer de nouvelles péripéties pour Louis. Le cadre était surprenant, désuet et, de par notre présence à tous les coins de rue, dynamique à la fois. À l'arrivée, en récupérant mon badge, je découvris le programme, j'étais convoqué le lendemain, à 9 heures du matin, dans le seul cinéma de la ville pour présenter au public notre dernier opus. J'étais assez inquiet de devoir m'exprimer en public, mais quand je découvris le tout petit nombre qui s'était levé de bon matin, je fus rassuré. Ils ne devaient être que cinq ou six spectateurs, et je ne me souviens pas avoir répondu à de nombreuses questions – tout le monde dormait, un bide absolu, aucun point commun avec le nombre par millions de téléspectateurs régulièrement annoncés par la chaîne lors des diffusions. Quand je lui ai raconté, Victor s'en est amusé. Pour lui, l'intérêt de ce festival était de rencontrer les gens de la profession, ce en quoi il avait tout à fait raison. Ma formation de régisseur m'avait appris à vaincre ma timidité, mais comme c'était difficile d'aller l'air décontracté au gré des festivités !

À la sortie d'une masterclass, je me rapprochai d'une personne que je ne connaissais pas encore mais que j'avais aperçue lors d'une projection de *La Brocante*, à Paris. Valérie Fadini, scénariste elle aussi, est une personne remarquable, accessoirement pour sa différence, une personne de petite taille, et elle aussi semblait un peu perdue, à l'écart de tout le monde. Je me présentai et elle me réserva tout de suite le meilleur des accueils. Au bout d'une petite demi-heure, nous avions l'impression de nous être toujours connus et Valérie devint une véritable amie. Elle avait été invitée pour présenter une nouvelle série dont les deux premiers épisodes allaient être projetés le soir même. Un événement auquel tous les professionnels allaient venir assister. La projection de *David Nolande* fut une immense surprise, un ton totalement différent à la marge du fantastique, où le personnage principal doit remonter le temps suffisamment rapidement pour sauver des gens avant qu'ils ne se précipitent sous le métro ou qu'ils ne se fassent renverser par une voiture.

Une série conçue et écrite, en collaboration avec Valérie, par Joël Houssin, auteur du célèbre *Doberman* pour le cinéma (1997), adapté de ses livres. Je me souviens d'un épisode particulièrement réussi, avec Josiane Balasko en guest, et d'un enthousiasme largement partagé par Victor à qui j'avais recommandé de ne surtout pas rater la diffusion sur France 2.

Avec mes *Brocante,* je me sentais humble face à une telle invention, et Valérie fit en sorte de me présenter à son ami Joël qui vivait tout en haut d'une tour du front de Seine. Par la suite, je dévorai tous ses romans d'anticipation, et Joël me confirma toute l'admiration qu'il ressentait à l'égard de Victor, acteur dans bien des films et des personnages qu'il appréciait. J'aurais volontiers organisé une rencontre, malheureusement, ni Victor, ni Joël n'avaient plus trop la liberté de pouvoir se déplacer. Comme mon père, Joël avait de graves problèmes de santé qui l'empêchaient de quitter son appartement du 15e arrondissement.

32

Pierre Sisser ne pouvait pas réaliser quatre épisodes dans une même année, et, après en avoir pratiqué quelques-uns, Victor avait fini par désigner les réalisateurs avec qui il souhaitait continuer à travailler, ceux avec lesquels il se sentait le plus à l'aise pour communiquer, Michel Favart et Bruno Gantillon, par exemple.

Pour *Les Enquêtes du commissaire Laviolette*, ce fut un tout autre scénario. Le tournage commença dans des rapports conflictuels avec Philomène Esposito. Par réaction, Victor l'avait immédiatement baptisée : « Phénomène ». Il y eut d'emblée incompatibilité, et mon père se referma sur lui-même. Cette jeune femme n'avait sans doute pas su se montrer à l'écoute, elle aurait même eu tendance à vouloir manipuler son interprète comme un vulgaire objet qui n'a pas voix au chapitre. Pauvre réalisatrice, elle ne s'était pas renseignée avant, croire qu'elle allait pouvoir parler à Victor comme un objet qui n'a pas voix au chapitre fut la plus grosse erreur qu'elle ait commise dans sa carrière. Et pourtant, ses deux épisodes sont magnifiques. Mon père était le premier à le dire, Phénomène n'était pas dénuée de talent. Le choix de ses cadres, son montage, sa musique ont prouvé que rien n'était formaté à l'identique, comme l'ont souvent été de nombreux téléfilms diffusés sur les chaînes publiques.

*

Pour ma part, dès que j'ai commencé à écrire pour la télévision, j'ai été surpris par l'absence d'interlocuteur. Sur les tournages de cinéma, j'avais été habitué à travailler étroitement et très en amont avec le metteur en scène pour qui je faisais des repérages de décors, une activité qui n'était pas forcément confiée au régisseur mais dont l'aspect artistique me plaisait beaucoup. En préparation comme sur le plateau, le réalisateur était un interlocuteur privilégié et incontournable. Mais pour les *Brocante,* pas de réalisateur au début, et rarement pendant mon travail jusqu'à l'étape de la première version dialoguée du scénario, j'étais vraiment surpris que si peu de passerelles soient jetées entre nous. Avec Pierre Sisser, quelques lectures me furent proposées. Ce cher Pierre était un grand émotif et il me posait parfois une question qu'il n'avait pas osé poser en direct à Victor, alors je m'appliquais pour tenter de lui répondre le plus précisément possible.

Pour Bruno Gantillon, je me souviens de notre première rencontre. Il s'agissait aussi de la première *Brocante* que j'avais écrit tout seul, *Louis et la chorale*, et Lissa Pillu avait tenu à ce que nous fassions une lecture ensemble afin de commencer la préparation rapidement.

Je savais qui était Bruno, bien des années auparavant, il avait écrit et réalisé un premier long-métrage en 1976 avec Victor et Andréa Ferréol en vedettes, mais aussi Évelyne Buyle dans un second rôle. Ce film m'avait beaucoup marqué, il s'intitulait *Servante et maîtresse*. Une histoire de rapports troubles entre une héritière, une bonne dévouée que son patron avait couchée sur son testament, après l'avoir couchée dans son lit, et un neveu spolié qui devait endosser l'uniforme de chauffeur de maître pour avoir un espoir de regagner une partie de l'héritage. Un rôle qui me fit découvrir encore d'autres aspects de mon cher papa, une ambiance érotico-sado-psychologique à laquelle il ne m'avait pas habitué. Bref, pour moi, jeune scénariste, Bruno Gantillon arrivait avec un background qui forçait le respect.

À la diffusion, cet épisode me fit gagner mes galons de scénariste en chef, ce fut le plus gros score jamais réalisé, plus de huit millions de téléspectateurs, un bon considérable dans les audiences déjà très favorables. Je me suis toujours demandé pourquoi. Était-ce parce que venait de sortir pour le cinéma un film qui triomphait sur les écrans, intitulé lui aussi *La Chorale* ! ? Je ne pense pas, il s'agissait plutôt d'un heureux hasard, et mon histoire allait donner la couleur de beaucoup d'autres que j'écrirais par la suite, le besoin que je ressentais de partir d'un lieu ou d'un objet et pour *Louis et la chorale,* d'un vol d'incunables très précieux, ces livres anciens écrits à la main par des moines et décorés de magnifiques enluminures, bien avant l'invention de l'imprimerie.

Après un tel succès, Bruno Gantillon réalisa plusieurs autres de mes scénarios : *Louis n'en dort plus, Louis joue les experts* et *Louis et les anguilles bleues.* Au regard des titres, des péripéties de plus en plus pimentées pour notre héros. Avec Bruno, il nous arriva même d'écrire ensemble pour gagner du temps lors des différentes étapes du développement. Et j'étais parfois gêné car je voyais bien que, après l'enthousiasme lié à notre parfaite collaboration, au final, il pouvait aussi éprouver une certaine frustration. Comme je gardais la main sur l'adaptation dialoguée, il m'arrivait de détricoter ce que nous avions construit ensemble au séquencier, pour arriver à une meilleure version qui satisfaisait davantage Victor et Lissa. J'essayais donc de lui expliquer que je travaillais par couches successives et qu'il m'arrivait de détricoter également mon propre travail. Mais Bruno ne comprenait pas, il avait du mal à accepter ce qu'il considérait comme une remise en question de notre collaboration. Ce qui ne l'empêchait pas, en grand professionnel qu'il était, de peaufiner sa réalisation avec le même enthousiasme, et à son tour, de satisfaire Victor encore plus exigeant certainement, au moment du tournage.

*

Malgré une longue filmographie d'auteur réalisateur, qui elle aussi forçait au respect, Michel Favart, lui, ne ressentait pas de velléités particulières pour l'écriture des épisodes de *La Brocante*. Mais Michel était très attentif, il avait une lecture toujours pertinente du scénario et un regard bienveillant sur les nouveaux personnages. D'ailleurs, il fut le seul à relever une certaine poésie dans mes intentions. J'en fus flatté, mais la flatterie n'est pas bonne conseillère, et il ne s'agissait pas non plus de m'endormir sur mes lauriers. Les films s'enchaînaient, et si Lissa faisait tout pour me protéger et m'assurer un certain confort afin de garder l'esprit clair et disponible, je m'angoissais toujours autant quand il me fallait penser rapidement au suivant.

La réalisation de *Louis et les répondants* fut confiée, justement, à Michel Favart qui avait dû s'engager sur la voie de la pure comédie, alors qu'il était habitué à des sujets plus sérieux, et pour ce film, de nouveau, j'avais obtenu carte blanche. Je décidai donc de plonger le personnage du vieux comte désargenté et alcoolique interprété par Sim dans l'univers fascinant de l'égyptologie. Une sorte de phantasme à la Tintin, ou à la Indiana Jones, avec, à la clef, une panoplie de ressorts comiques. Bien entendu, nous n'avions pas les moyens d'aller tourner en Égypte, mais il suffisait d'imaginer une raison pour laquelle Théodore de Montalenvert s'y était rendu, donc : des vacances, un beau séjour pour seniors, et quand il revient, Louis l'attend à l'aéroport. Le faciès très particulier de Sim se prêtait aisément aux déguisements en tous genres, et aux tenues de l'Antiquité égyptienne en particulier, avec coiffe, fouet chasse-mouches et spectre à la main. Sa tronche unique lui avait déjà valu d'être approché par Federico Fellini en personne. Pour le film *E la nave va,* Sim n'avait pas pu se libérer à temps pour aller tourner à Cinecittà, mais Fellini le rappela quelques années plus tard et l'engagea pour interpréter le rôle d'un joueur de flûte qui vit dans un cimetière, pour *La Voce della luna*. Un souvenir extraordinaire pour Simon qui n'en parlait que quand on lui demandait de nous raconter. Pas de scénario, juste quelques dessins du Maestro Fellini, et rien en son direct. Sim devait bouger la bouche sans savoir exactement ce qu'il allait dire ensuite, en postsynchronisation.

*

Sans comparaison possible, de mon côté, je m'étais donc parfaitement documenté pour trouver les bonnes situations et écrire des dialogues qui sortaient du commun. Et, pour améliorer encore l'argument, à son retour de voyage, Théodore de Montalenvert choisit comme livre de chevet *Le Livre des morts des Anciens Égyptiens*, cher aux divinités égyptiennes. Malgré les nombreuses précautions prises au Terrier du Renard, Théo trouve une ruse de sioux pour pouvoir continuer à boire en mélangeant, en cachette, du rhum au jus de fruits imposé par Louis, soucieux de l'héberger en toute sobriété.

Lors d'une scène d'incantation, le personnage de Simon plonge dans des délires alcoolisés, seul, puis accompagné par celle qui s'inquiète de cette nouvelle voie spirituelle. En effet, la Mère supérieure n'accepte pas la brusque métamorphose de son protégé, et M. le comte engage avec elle un grand débat au sujet d'Anubis, le dieu chacal, le dieu psychopompe et embaumeur personnel d'Osiris, le dieu des morts. De son côté, la religieuse, vexée, vante les mérites de saint Michel, un saint tout autant psychopompe qui accompagne les âmes perdues des pauvres défunts – un moment de pure comédie défendu par deux excellents comédiens. Habillé en pharaon, Simon récitait son texte à merveille : « Je suis le dieu Tum, solidaire des vastes espaces du ciel… Je suis le dieu Râ, se levant à l'aube des temps anciens… », ou encore : « Pareil au dieu Nu [nou], je suis la grande divinité qui se procrée elle-même. Les dieux ne s'occupent pas à ma progression, car je suis l'Hier, et je connais le Demain… »

Victor m'avait rassuré, pour toutes ces scènes où il n'était pas concerné, il s'arrangerait pour être là, sur le plateau, à veiller à ce que rien ne se perde de ce qui était écrit. Encore une fois, mon père se montrait le meilleur des showrunners, le garant, le gardien du temple égyptien.

33

La meilleure des protections venait donc incontestablement de Victor. Il était auteur et connaissait la fragilité des idées et la complexité de la création. Il savait qu'une simple contrariété pouvait bloquer le mécanisme et la disponibilité d'esprit indispensable. Et cela, Lissa Pillu, également, l'avait tout à fait compris et accepté. Après la lecture d'une première version, elle commençait toujours par appeler Victor pour lui adresser ses remarques, et il abondait dans le même sens, ou pas, avant de revoir le texte et de l'envoyer à France Télévisions.

Nous avions assisté à l'arrivée d'Anne Holmes au sein du groupe du service public. Au tout début, elle était conseillère de programmes, puis, rapidement, elle gravit les échelons pour arriver au poste de directrice de la fiction. Si notre nouvelle patronne avait pris le train en route, ce n'était pas n'importe quel train, *La Brocante* continuait à être en tête des audiences, et, tout naturellement, Anne fit en sorte de se choisir une place de prédilection et d'affection dans le compartiment où nous voyagions, tout à côté de Victor. Bien entendu, Anne avait son mot à dire sur les scénarios, mais, au bout d'un moment, plus de réunions, plus de rendez-vous à la chaîne, elle nous faisait confiance et communiquait principalement avec Lissa qui, à son tour, nous transmettait son point de vue.

Cependant, quand Véronique voulut s'engager sur la voie de la réalisation, Anne organisa une rencontre, comme elle devait le faire avec toutes les nouvelles réalisatrices. Dans l'ascenseur de France TV, toujours aussi dynamique, Véro était remontée à bloc, elle me disait que nous allions devoir nous serrer les coudes face aux exigences de la direction, mais elle changea rapidement de posture, car l'entretien avec Anne se déroula sans encombre pour le texte. Sa partie ne faisait que commencer, Véro allait devoir faire ses preuves, car mon travail était terminé, le bébé ne m'appartenait plus, et je devais le lui confier sans rechigner comme je l'avais déjà fait avec ses prédécesseurs.

*

À chaque épisode, le minutage de la scripte finissait par arriver et je découvrais alors à combien de temps était estimé mon scénario. Souvent, je n'en entendais même pas parler, la scripte et le réalisateur, ou la réalisatrice, faisaient leur petite cuisine ensemble pour ajuster le timing de certaines séquences. À force d'avoir lu les scénarios des longs-métrages auxquels j'avais participé comme régisseur et d'avoir étroitement travaillé avec les directeurs de production et les assistants à la mise en scène sur le perfectionnement du plan travail, inconsciemment, j'avais dû prendre des automatismes sur la longueur des scènes, des journées, et, au final, des films en entier. Patrick Marty, l'assistant attitré de Pierre Sisser avant de passer lui-même réalisateur, m'en avait fait gentiment la remarque. Pour lui, rien ne débordait de mes scénarios, un jeu d'enfant pour construire le plan de travail et le dépouillement (listing complet des besoins du tournage). Pendant l'écriture, je ne me posais pas la question de savoir si j'étais trop long ou trop court, et, instinctivement, j'arrivais à peu près au même nombre de séquences et de pages pour la version finale. Mieux valait être un peu long, le réalisateur, ou la réalisatrice, préférait toujours devoir tourner un peu plus, afin de pouvoir disposer d'un choix plus confortable au moment stratégique du montage.

*

Seule à son poste pour noter tous les raccords, la scripte est également une interlocutrice artistique privilégiée pour le réalisateur. Je me souviens de l'immense Suzanne Durrenberger que j'ai eu la chance de la connaître sur le film *La Banquière*, de Francis Girod.

Suzanne était une des plus grandes, elle avait été la scripte de Buñuel, de Bertolucci et de tant d'autres. Elle était adorable avec les jeunes stagiaires à qui elle tenait à apprendre le maximum sur le film que nous étions en train de tourner, mais aussi sur l'histoire du Cinéma avec un grand C.

J'en avais parlé avec Victor, il la connaissait et avait travaillé plusieurs fois avec elle, lui aussi, il l'aimait beaucoup. Suzanne roulait en 2 CV et, malgré des années de conduite, elle ne parvenait toujours pas à entreprendre un bon créneau. Pour elle, c'était une torture, elle était déjà un peu âgée, alors, je la guettais à son arrivée, le matin, pour lui garer sa voiture. J'ai découvert récemment que, peu de temps avant sa mort, Suzanne Durrenberger avait fait don de toutes ses archives au Centre national du cinéma et de l'image animée. Une vie entière consacrée au septième art, des dizaines et des dizaines de scénarios illustrés de dessins et de polaroïds pour se remémorer les raccords, un témoignage précieux qu'il aurait été dommage de ne pas conserver.

34

Pour *Louis et les bruits de couloir* tourné en 2013, Victor avait annoncé le dernier épisode, et cette fois-ci, l'annonce paraissait irrévocable. Il était donc temps pour moi d'essayer de trouver un sujet autour d'une manière de vendre utilisée par les commissaires-priseurs : les ventes de couloir. J'avais entendu parler de cette façon de procéder depuis un moment déjà, dans la petite salle des ventes de Guéret, et j'avais laissé reposer, histoire de trouver la bonne histoire.

Le principe consistait à vendre à des prix bradés tout ce qui n'avait pas trouvé preneur aux enchères et qui était stocké dans un long couloir que le commissaire-priseur ouvrait une fois par mois. Une sorte de vide-grenier privé et fréquenté par des habitués qui s'empressaient de venir chiner la petite merveille qui était passée au travers des mailles du filet des collectionneurs.

J'avançais dans mon sujet et, petit à petit, je construisais mes personnages. Garance venait de se séparer de Marceau, son ex, un homme possessif et jaloux, père de son petit garçon. J'avançais aussi sur les décors avec ce couloir visuellement très intéressant. Mais je voyais que mon argument autour de l'éventuelle culpabilité du commissaire-priseur ne suffisait pas, et comme j'avais également installé un début d'histoire d'amour avec l'héroïne, je tournais autour du pot sans parvenir à définir la motivation réelle de l'intrigue principale. Je suis resté un moment en déséquilibre, je sentais que quelque chose perturbait aussi Victor, et c'est seulement en arrivant à la version dialoguée que mon Petit Papa se manifesta. Nous nous expliquâmes pour aboutir à la bonne décision : la machination devait en effet être motivée par la jalousie, mais cette jalousie ne devait pas se révéler chez celui pour lequel le téléspectateur avait été préparé.

Victor m'aida ainsi à mieux définir l'ensemble de mon récit dans la perspective fantasmagorique de ce couloir mystérieux. Il lui fallait toujours un peu de temps pour la réflexion, il ne réagissait pas forcément dès la première lecture, et, pour certains épisodes, je dus même revoir ma copie depuis le début. Mais je ne rechignais jamais, je savais trop l'importance de son point de vue.

*

Arrivé à la fin de mon écriture, pour la première fois, je ne pensais pas au suivant puisque, pour moi, l'aventure était terminée. Je pus donc prendre le temps de participer à une lecture avec les nouveaux acteurs, en compagnie de Véronique, bien sûr, qui allait devoir réaliser ce dernier épisode. Elle avait choisi un casting composé de deux garçons autour d'une très jolie fille pour interpréter le rôle de Garance.

J'avais également imaginé l'opportunité de convoquer une dernière fois le personnage du voisin, agriculteur à la retraite, veuf et quelque peu collant, campé par Michel Robin, sociétaire de la Comédie-Française. Victor et Michel se connaissaient depuis des lustres. Déjà, dans *L'Affaire Dominici*, ils avaient tourné ensemble, et la particularité de Michel était d'avoir systématiquement tenu des rôles de vieux, même quand il était beaucoup plus jeune et, plus encore, quand il l'était moins.

Victor m'avait raconté que la grande blague de son ami comédien était de faire semblant de se casser la figure quand il entrait dans un restaurant. Son physique d'ancien ne pouvait qu'émouvoir les témoins et les gens se précipitaient pour l'aider à se relever, ce qui lui permettait parfois une jolie rencontre, car Michel était un séducteur qui cachait bien son jeu. Il ne multiplia certainement pas les aventures, il avait longtemps été marié, mais quand je l'ai connu à mon tour, il vivait seul, dans mon quartier, nous étions voisins, près du Parc des Princes, côté Boulogne. J'en avais parlé à Victor et Michel fut ravi de pouvoir rejoindre le tournage de *Louis la Brocante*. Je me souviens d'un dîner où beaucoup de jeunes femmes de l'équipe se regroupaient autour de lui ; il était drôle et charmant, il se définissait lui-même comme le Poulidor de l'amour, toujours second, jamais premier. Aujourd'hui, notre bon Michel a arrêté ses singeries, il a trop peur de se faire vraiment mal en faisant semblant de se prendre les pieds dans le tapis.

*

Pour en revenir à la lecture de mon scénario, nous avions donc pris place autour d'une table. Elsa Lunghini avait été choisie pour interpréter le rôle de Garance, Nicolas Grandhomme pour celui du commissaire-priseur et Serge Dupuy pour celui de Marceau. Et la magie opéra immédiatement : chacun avait potassé son personnage et je redécouvris mes dialogues si longtemps répétés dans ma tête au moment de me coucher, pour m'endormir avec eux et leur apporter des corrections éventuelles à mon réveil.

Elsa était surtout connue pour avoir eu beaucoup de succès avec ses chansons, au début de sa carrière, et sa voix si particulière me fascinait ; j'aimais l'entendre dire mon texte, quelque chose me troublait, une voix suave qui me semblait familière. Et bien plus tard, le soir de la fête de fin tournage, j'appris sa parenté avec une actrice célèbre. C'est

Véronique qui me confia qu'Elsa était la nièce de Marlène Jobert. Il fallait tendre un peu l'oreille, il ne s'agissait pas de la voix d'une poissonnière, et quand j'écoutais Elsa parler, j'étais définitivement sous le charme de cette voix qui me ramenait de nombreuses années en arrière.

Quant aux deux garçons, j'ai immédiatement apprécié leur personnalité, je les ai tout de suite imaginés dans la peau de leur personnage. Serge Dupuy : une bonne tronche de bougon parfaite pour camper un Marceau sur le fil du rasoir, et Nicolas Grandhomme à qui on donnerait le bon Dieu sans confession, parfait aussi pour le rôle du salaud.

35

Avec ce dernier film, aucune frustration, cette fois-ci, je sentais que j'aurais eu du mal à enchaîner, un peu à court d'inspiration – j'avais déjà tellement fait le tour de la question. D'ailleurs, la période fut compliquée, nous avions évoqué la possibilité de poursuivre les aventures du brocanteur en livre, mais un des deux détenteurs des droits du personnage ne cessait de changer d'avis, un coup c'était « oui », et l'autre c'était « hors de question ». L'ancien scénariste, devenu quelque peu caractériel, parvint à décourager tout le monde, surtout mon interlocuteur Olivier Szulzynger qui s'était spontanément porté candidat pour éditer les *Brocante,* puisqu'il avait déjà fait paraître avec succès certains épisodes de la série *Plus belle la vie.*

De son côté, Victor poursuivait ses tournages des *Enquêtes du commissaire Laviolette,* bien que sa vie à lui n'en fût pas forcément plus belle pour autant. Avant d'avoir décidé d'arrêter *La Brocante,* il avait eu à subir une deuxième opération du cœur qui ne laissait présager rien de vraiment bon. Mon Petit Papa continuait à être son propre kamikaze, avec une bombe à retardement qui pouvait exploser à chaque instant. Et, en effet, de nouveaux problèmes finirent par vaincre sa détermination, il eut bien du mal à parvenir au bout de son dernier film, *Le Crime de César*, un beau titre pour en finir avec ce métier. Et il se retrouva une nouvelle fois hospitalisé à Marseille. Le pauvre était épuisé, anémié, le rythme qu'il s'était imposé pour pouvoir continuer à tourner l'avait littéralement mis à terre.

*

À presque quatre-vingts ans, Victor avait dû raccrocher les gants, et quand il fut remis de ses dernières mésaventures et que je lui demandais de ses nouvelles, tout allait toujours bien, du côté de Royan. L'appartement dans lequel ils vivaient, Véronique et lui, bénéficiait d'une vue magnifique sur la mer et l'estuaire de la Gironde, et chaque jour mon père s'émerveillait face au spectacle du coucher de soleil. À la question de savoir si les tournages lui manquaient, il répondait : « Pas du tout ! » Il disait avoir largement de quoi occuper sa journée, après ou avant le kiné, soit avec le tarot soit avec la pétanque, en fonction du temps qu'il faisait entre les marées, et chaque fois que nous en avions la possibilité, nous filions avec les garçons rejoindre leur grand-père. Victor nous recevait dans un second appartement qu'il possédait deux étages plus bas, et il n'était pas un soir sans aller embrasser Papère avant d'aller se coucher.

*

Il n'y avait plus aucune nécessité de parler travail, et mon Petit Papa se laissait parfois aller à plus de confidences sur la vie, sur la mort qu'il disait ne pas craindre au-delà du raisonnable. Je voyais bien qu'il profitait enfin du simple bonheur de l'instant présent. Au tarot, par exemple, il se montrait beaucoup plus avenant, il ne s'en prenait plus à personne autour de la table et il tenait des après-midi entiers à jouer – intellectuellement, il n'était jamais fatigué. Ses collègues, tous retraités également, deux hommes et une femme – Georges, Paul et Claude –, étaient de bons joueurs toujours à l'affût. Surtout Claude, une femme de poigne qui ne s'en laissait pas conter, et tous les trois témoignaient d'un grand respect et d'un grand attachement pour Victor, c'était touchant.

Nous avons fêté ses quatre-vingts ans le 18 juin 2016. Véronique avait tout organisé sur le terrain de boules dans le quartier du Parc, et tous les amis du coin avaient répondu présent, une bonne cinquantaine de personnes. Même le maire de Royan était passé saluer son célèbre administré pour lui annoncer que le boulodrome municipal serait bientôt baptisé « Boulodrome Victor-Lanoux ».

Mon Petit Papa était heureux, j'étais passé par la Creuse pour récupérer mon cadeau, un tableau peint par mon ami Bernard Signamarcheix, ancien bénévole de la fête de La Chenaud, artiste-peintre à la patte tout à fait personnelle qui avait imaginé, sur commande, et pour Victor, une très jolie scène de pétanque, avec plusieurs personnages autour du cochonnet à discuter de la distance qui remporte le point.

À la fin des festivités, avec petit orchestre New Orleans, buffet et champagne à volonté, une « fanée » qui passait par là, par hasard, s'était incrustée. Une fanée était un mot mixte inventé par Victor, entre fan et fanée, comprendre : une fan d'un âge certain. Et cette fanée-là était très alcoolisée, elle ne lâchait plus *Louis la Brocante* qui commençait à avoir envie de rentrer, mais qui ne voulait pas non plus se montrer discourtois. Alors, Abel et Yann formèrent une escorte rapprochée pour raccompagner leur Papère jusqu'à son appartement, assis dans son petit scooter électrique, suivi par Babette, son Westie – West Highland White Terrier – au caractère fier et indépendant.

Si, depuis plusieurs années déjà, Victor passait l'hiver souvent très fatigué, il reprenait systématiquement du poil au printemps, et ce fut le cas pour sa quatre-vingt-unième année. L'été se déroula sans histoire, avec l'aide précieuse de Doline, aide à domicile, une jeune black adorable et dévouée dont Victor ne pouvait plus se passer.

36

Le Noël 2016 fut le dernier que nous pûmes passer avec lui. Nous avions renoncé à l'idée de partir à la montagne comme nous le faisions chaque année, et nous prîmes la direction de Royan. Victor n'avait rien demandé, mais je sentais que c'était le bon moment pour rester auprès de lui.

À Royan, bien évidemment, j'avais pris mes habitudes et, à défaut de ski, j'allais nager régulièrement, mais en décembre, la température de l'eau était glaciale et Victor m'avait offert une combinaison de nage en néoprène. Le matin du 25 décembre, je bravai les intempéries et allai tester mon nouvel équipement. De sa fenêtre, avec ses jumelles, mon Petit Papa guettait mes exploits et il s'amusa de me voir poser pour une photo sur la plage avec deux anciennes Miss Royan des années soixante ou soixante-dix coiffées d'un bonnet de Père Noël, qui passaient par là, en distribuant sourires et compliments.

*

Le compte à rebours fatidique avait commencé. Les petites vacances de Pâques 2017 furent les derniers moments joyeux que nous passâmes avec Victor. J'avais pourtant essayé de m'y préparer, mais je fus anéanti quand, quelques jours après notre retour à Boulogne, Véronique m'appela pour me prévenir d'un nouvel AVC. Elle me décrivit l'état critique dans lequel elle avait trouvé son mari après le petit déjeuner. Il était retourné se coucher dans sa chambre et il se tordait de douleur dans des spasmes épouvantables. Véro crut un instant que Victor plaisantait comme il avait l'habitude de le faire, mais la crise était bien réelle et il fut pour une dernière fois hospitalisé en urgence à Royan. Quarante-huit heures plus tard, il tombait dans le coma, et deux jours plus tard, mon Petit Papa n'était plus de ce monde.

La dernière fois que nous nous étions quittés, je l'avais serré fort dans mes bras, j'étais inquiet, je ne le trouvais pas en forme, mais j'espérais qu'avec les beaux jours il se remettrait. Je vis son regard surpris par cette étreinte inhabituelle, comme s'il avait deviné que nous n'allions plus jamais nous revoir.

*

Victor avait campé un Staline époustouflant dans une pièce anglaise intitulée *Staline Melody,* un face-à-face entre le dictateur et le compositeur Prokofiev. C'était en l'an 2000, au Carré Sylvia-Montfort, à Paris, avec Régis Santon à la mise en scène. Et dans la chambre funéraire, allongé dans son cercueil, j'eus l'impression de le revoir dans ce personnage de Staline. C'était terrible, une rigidité faciale, un masque de cire avec une moustache bien taillée sous ses yeux définitivement clos sur sa vie passée. J'en eus un frisson et je tardai à pouvoir m'approcher.

Mon Petit Papa était si froid, ce n'était déjà plus lui qui était là, et je devais l'accepter sans chercher d'explication rationnelle. Quand ce genre de rideau est tombé, inutile de tenter d'applaudir davantage pour obtenir un rappel. Victor n'avait plus la possibilité de donner quoi que ce soit, ni à son cher public, ni à sa propre famille.

À la fin des obsèques organisées au crématorium de Royan, je mis un point d'honneur à rappeler au maître de cérémonie qu'une tradition voulait que l'assistance puisse applaudir une dernière fois l'acteur défunt. Victor eut ainsi le droit à une ultime standing ovation.

Nous étions plusieurs à avoir écrit un petit mot d'adieu que nous lûmes devant le cercueil. Assise à mes côtés, Lissa avait bien du mal à contenir son émotion, et je ne comprenais pas pourquoi j'étais le seul à ne pas parvenir à pleurer. Je ne comprends toujours pas, d'ailleurs, et il me faudra peut-être attendre encore longtemps avant de réaliser vraiment.

*

De son vivant, mon père m'avait prévenu : il fit de moi son exécuteur testamentaire pour tout ce qui était lié à son œuvre d'auteur dramatique. Et, rapidement, je fus contacté par le biais de la SACD afin de donner ou non mon autorisation à la reprise du *Tourniquet* par des compagnies amateurs en Suisse et en Belgique. Victor donnait toujours son accord pour les compagnies amateurs, il n'y avait donc aucune raison de refuser.

Exécuteur testamentaire entraîne également la charge de faire fructifier son œuvre, et, dans les années à venir, je vais devoir m'atteler à trouver une nouvelle distribution et un nouveau metteur en scène ainsi qu'un directeur de théâtre intéressé par la reprise du *Tourniquet* et, pourquoi pas, du *Péril bleu* et de *La Ritournelle*, ses deux autres succès.

37

Victor évoquait parfois un proverbe chinois : « Pour être réellement un homme, il faut avoir fait un enfant, planté un arbre et écrit un livre. » Or, des arbres, il en avait planté toute une série dans le jardin de sa maison, et quand je revins dans la Creuse, je fus très ému de voir que ses plantations avaient largement dépassé le point de vision délimité par les murs ou les clôtures le long de la route ou du côté du verger.

Après son décès, j'ai reçu de nombreux messages chaleureux de la part de ses amis creusois, et je m'apprête d'ailleurs à aller inaugurer une nouvelle place à La Chapelle-Taillefert, la future place Victor-Lanoux. Une belle initiative d'attachement et de reconnaissance dont le mérite revient essentiellement aux anciens membres du comité des fêtes, tous ces bénévoles qui n'ont jamais compté leur temps quand il fallait organiser le barnum et monter le chapiteau de la fête de La Chenaud. Bernard

Signamarcheix m'a récemment décrit le dernier déjeuner officiel de ce comité dont il fallait absolument clôturer les comptes et l'existence depuis déjà un moment. J'ai donc pu imaginer ce beau rassemblement de bons vivants dans le seul restaurant de la commune, une table à la très bonne réputation où les pâtés, les rôtis, les cèpes et les girolles ont régalé les convives et leurs compagnes à profusion. On peut facilement imaginer la teneur des discussions, mon Petit Papa avec son caractère bien trempé a dû fortement alimenter les souvenirs et les débats, chacun ayant certainement sa petite anecdote avec Victor à raconter.

*

L'été qui a suivi sa disparition, j'entamai un premier pèlerinage sur ses terres d'adoption et je pris la route de la Creuse pour aller à la pêche à la truite, et peut-être aussi à la cueillette des girolles qui poussent souvent de manière précoce dès le début du mois de juillet. Désormais, je trouve refuge chez mes mêmes amis Signamarcheix qui ont une belle et grande maison avec beaucoup de chambres et beaucoup de place, leurs grands enfants ayant tous fini par suivre leur propre chemin loin du département. Mes premiers parcours de pêche sur le Thaurion furent douloureux, tellement de souvenirs précis encore gravés dans ma mémoire. Quand nous pêchions ensemble, Victor me montrait toujours les meilleurs coups à effectuer, derrière une racine, dans un bouillon, mais pour cette première sortie sans lui, je me surprenais à continuer à lui répondre comme s'il était encore à mes côtés, chaussé de ses cuissardes, coiffé de sa casquette en tweed, avec son lancer à la main et sa vieille besace en bandoulière.

*

Beaucoup trop douloureux également de retourner à La Chenaud, je m'y suis pourtant risqué, mais je ne parvins pas à descendre de la voiture et je fis rapidement demi-tour avant de rencontrer Robert ou Claudine, la seule à être encore vivante des descendants de la famille Ribière qui avait accueilli mon père pendant la guerre.

Dans la petite chambre sous les toits mise à ma disposition, je m'étais reconstitué comme un abri pour pouvoir me remettre à écrire, et l'idée d'un livre me vint rapidement à l'esprit. J'avais même déjà mon histoire, une histoire de *Brocante* sur la superbe foire de L'Isle-sur-la-Sorgue où nous n'avions jamais pu envisager de tourner car trop éloignée de Lyon ou même de Marseille où se trouvent la majorité des équipes et du matériel de France 3 Régions. Cette idée n'était pas de refaire *Louis la Brocante* en livre. Face aux difficultés sur les droits du personnage, j'avais tourné cette page depuis longtemps, plutôt désireux de faire revivre Victor lui-même dans de nouvelles aventures. J'imaginai donc mon propre brocanteur qui vient sur le tournage pour apporter un accessoire et qui rencontre Victor Lanoux mais aussi Évelyne Buyle et quelques-uns des techniciens qui ont souvent participé à la série. Et comme j'étais installé chez les Signa, j'appelai naturellement mon couple de nouveaux héros, Alexandre et Sophie Signamarcheix, en m'inspirant un peu de mes amis Bernard et Sylvie, grands amateurs de brocante, eux aussi, dans la vraie vie.

*

De retour à Boulogne, je passai plus de neuf mois, le temps incompressible de la gestation, avec mon Petit Papa bien vivant et intervenant ponctuellement dans mon récit. Puis, je me décidai à tenter ma chance en envoyant mon manuscrit aux maisons d'édition. Et c'est une toute petite structure associative composée d'anciens libraires et située en province, non loin de Lyon, qui me proposa d'éditer ce premier roman intitulé *Les Amis de Louis*.

C'est ainsi que j'ai aussi pu organiser récemment ma première signature dans une belle librairie qui fait encore un peu de résistance, dirigée par des gens passionnés chez qui Victor venait régulièrement chercher son journal alors qu'il avait acheté son dernier appartement situé derrière l'église où j'avais été baptisé, dans le quartier des Menus.

Mon père m'avait expliqué que Les Menus s'étaient fortement embourgeoisés et que, à l'origine, il s'agissait plutôt d'un quartier très populaire avec sa propre bande ennemie historique de la bande de Marcel Sembat que Victor fréquentait avant d'être papa.

Cela ne fait aucun doute, s'il se sentait bien en Creuse, proche de ses origines paysannes, il aimait aussi revenir à Boulogne où il gardait une autre sorte de souvenirs, comme ceux qui l'ont décidé à devenir comédien du haut de sa passerelle de machino déco dans les studios de Billancourt.

Quand j'étais encore enfant, Victor avait été fier de me raconter qu'il avait fabriqué lui-même la fausse huile bouillante que Quasimodo jette sur la foule du haut des tours de Notre-Dame reconstituées dans la cour des studios. Mon père disait avoir voulu devenir acteur en observant Anthony Quinn au travail : une belle limousine, de gens affairés autour de lui, un costume étrange et quelques onomatopées à grogner en direction du micro. Apparemment bien peu de chose par rapport à la difficulté et la dangerosité de devoir monter et rester toute la journée à huit mètres du sol, là-haut, dans les cintres, où il faisait une chaleur torride avec tous les projos. Pour le jeune Victor, la vie d'acteur ressemblait fort à une vie de pacha.

Avec une certaine dose d'autodérision, en se moquant de sa grande naïveté, il évoquait parfois des cours par correspondance auxquels il avait souscrit en y consacrant toutes ses économies. Il a toujours réfuté l'idée d'une passion chevillée au corps depuis l'enfance, mais il a fini par comprendre qu'il lui fallait apprendre et travailler en s'inscrivant à un véritable cours de théâtre.

Mais « faire l'acteur », une expression que Victor employait volontiers, ne lui a jamais vraiment suffi à satisfaire toutes ses envies, d'où cette échappatoire en direction de la production cinématographique et de l'écriture théâtrale qui furent également bénéfiques à sa carrière de comédien. Un acteur extrêmement doué, tout le monde le reconnaissait, à mi-chemin entre la masculinité d'un Mitchum et le raffinement d'un Mastroianni, pourtant, quand je redécouvre son allure incroyable sur certaines photos de lui dans des films d'époque en costumes, je ne peux m'empêcher de penser qu'il aurait sans doute pu faire une carrière beaucoup plus longue au cinéma avant d'être littéralement avalé par la télévision. Ce qui ne lui posait absolument aucun problème. Pour Victor, pas de snobisme mal placé, il s'agissait bien du même métier, l'important était qu'il puisse tourner ce qu'il avait envie de tourner, et c'est ce qu'il a fait durant toute sa carrière.

Aujourd'hui, Victor me manque, mais j'ai encore l'impression que cette absence est provisoire et que je vais bientôt le retrouver pour un déjeuner en tête à tête chez Claude, l'ami de Véro, propriétaire du joli restaurant si bien situé sur la grande plage de Royan.

Il me manque aussi parce qu'il a toujours été mon premier lecteur, et si je suis orphelin, mes textes le sont tout autant. Quand mon Petit Papa était encore là, encore vivant, la simple joie d'écrire pour lui me suffisait amplement.

38

Victor avait dicté ses volontés : être incinéré, et à nous, sa famille, de disperser ses cendres dans une rivière pour rendre aux poissons tout ce qu'il leur avait pris lors de sa longue carrière de pêcheur à la ligne ou au lancer. Je lui avais tout de suite demandé : Où ? Dans la Drouette ? La Sorgue ? La Creuse ou le Thaurion ? La petite Gartempe, qu'il avait parcourue enfant pour aller pêcher les écrevisses avec le père Eugène ? Mais, pour Victor, ce choix géographique n'avait pas d'importance, nous ferions comme nous le déciderions. Et, comme à son habitude, Véronique prit les devants en s'arrangeant avec des pêcheurs de la région, propriétaires d'un bateau qui pouvait tous nous embarquer.

Les cendres ont donc été dispersées dans la Seudre, un fleuve côtier dont l'estuaire se jette en face de l'île d'Oléron. J'étais heureux de voir que sa volonté allait être respectée à la lettre et dans un si bel endroit, une rivière majestueuse, imposante, un miroir immense comme un reflet entre ciel et terre presque solennel, tourné vers l'Océan et personne d'autre à l'horizon pour troubler notre recueillement.

Les nombreux pétales de roses blanches en surface accompagnèrent le courant, et le nom du bateau placardé sur le devant de la cabine de pilotage me fit sourire intérieurement : « Le Flamboyant », un bel hommage au courage de Victor face à la rudesse des derniers événements.

Remerciements

Je remercie affectueusement toutes celles et ceux à qui j'ai dû emprunter un petit bout de vie pour construire mon récit.

Pierre : un grand merci de m'avoir si bien parlé de ton ex-partenaire.

Merci à ma bien aimée et à nos enfants, j'écris aussi pour qu'ils se souviennent.

Merci chère Caroline Lamoulie, chez Plon, merci, merci, merci.

Pour en savoir plus
sur les Éditions Plon
(catalogue, auteurs, vidéos, actualités...),
vous pouvez consulter
www.plon.fr
www.lisez.com

lisez!

et nous suivre sur les réseaux sociaux

Editions Plon

@EditionsPlon

@editionsplon

MIXTE
Papier issu de
sources responsables
FSC® C003309
FSC
www.fsc.org

L'Éditeur de cet ouvrage s'engage
pour la préservation de l'environnement
et utilise du papier issu de forêts gérées
de manière responsable.

Achevé d'imprimer en février 2020
par Normandie Roto Impression s.a.s.
61250 Lonrai
N° d'impression : 2000765

Imprimé en France